V

L'ABRÉVIATEUR

OU

LE CALCUL RENDU FACILE

NOUVELLES TABLES

DE COMPTABILITÉ DE FINANCES, DE COMMERCE, DE BANQUE
ET DE TOUTES LES ADMINISTRATIONS PUBLIQUES
CIVILES ET MILITAIRES

SUIVIES DE

TABLES D'INTÉRÊTS COMPOSÉS, D'ANNUITÉS ET D'AMORTISSEMENT

Ouvrage aussi simple qu'ingénieux et d'un genre entièrement neuf

Utile à MM. les Trésoriers Payeurs généraux, Receveurs des
finances, Percepteurs, Banquiers, Notaires, Avoués, Huissiers,
Capitalistes, Rentiers, et généralement aux Comptables
des Administrations de finances et de commerce,
ainsi qu'à tous Négociants et Particuliers,

PAR

Charles GARNIER

COMPTABLE A LA PRÉFECTURE DE L'ISÈRE

> Si toutes choses dépendent du temps,
> la science du temps est donc la vraie
> science des affaires, et le vrai ouvrage
> du sage.　　　　　BOSSUET.

2e ÉDITION

REVUE, CORRIGÉE ET AUGMENTÉE

GRENOBLE
IMPRIMERIE DE F. ALLIER PÈRE ET FILS
Grand'Rue, cour de Chaulnes, 8.

1866

L'ABRÉVIATEUR

ou

LE CALCUL RENDU FACILE

V

Les formalités en garantie de propriété ayant été remplies, je déclare contrefait tout exemplaire qui ne sera pas revêtu de ma signature.

L'ABRÉVIATEUR

OU

LE CALCUL RENDU FACILE

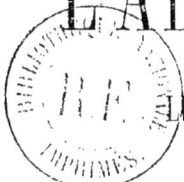

NOUVELLES TABLES

DE COMPTABILITÉ DE FINANCES, DE COMMERCE, DE BANQUE
ET DE TOUTES LES ADMINISTRATIONS PUBLIQUES
CIVILES ET MILITAIRES

SUIVIES DE

TABLES D'INTÉRÊTS COMPOSÉS, D'ANNUITÉS ET D'AMORTISSEMENT

Ouvrage aussi simple qu'ingénieux et d'un genre entièrement neuf

Utile à MM. les Trésoriers Payeurs généraux, Receveurs des
finances, Percepteurs, Banquiers, Notaires, Avoués, Huissiers,
Capitalistes, Rentiers, et généralement aux Comptables
des Administrations de finances et de commerce,
ainsi qu'à tous Négociants et Particuliers,

PAR

Charles GARNIER

COMPTABLE A LA PRÉFECTURE DE L'ISÈRE

> Si toutes choses dépendent du temps,
> la science du temps est donc la vraie
> science des affaires, et le vrai ouvrage
> du sage.   Bossuet.

2e ÉDITION

REVUE, CORRIGÉE ET AUGMENTÉE

GRENOBLE

TYPOGRAPHIE ET LITHOGRAPHIE F. ALLIER PÈRE & FILS
GRAND'RUE, 8.

1866

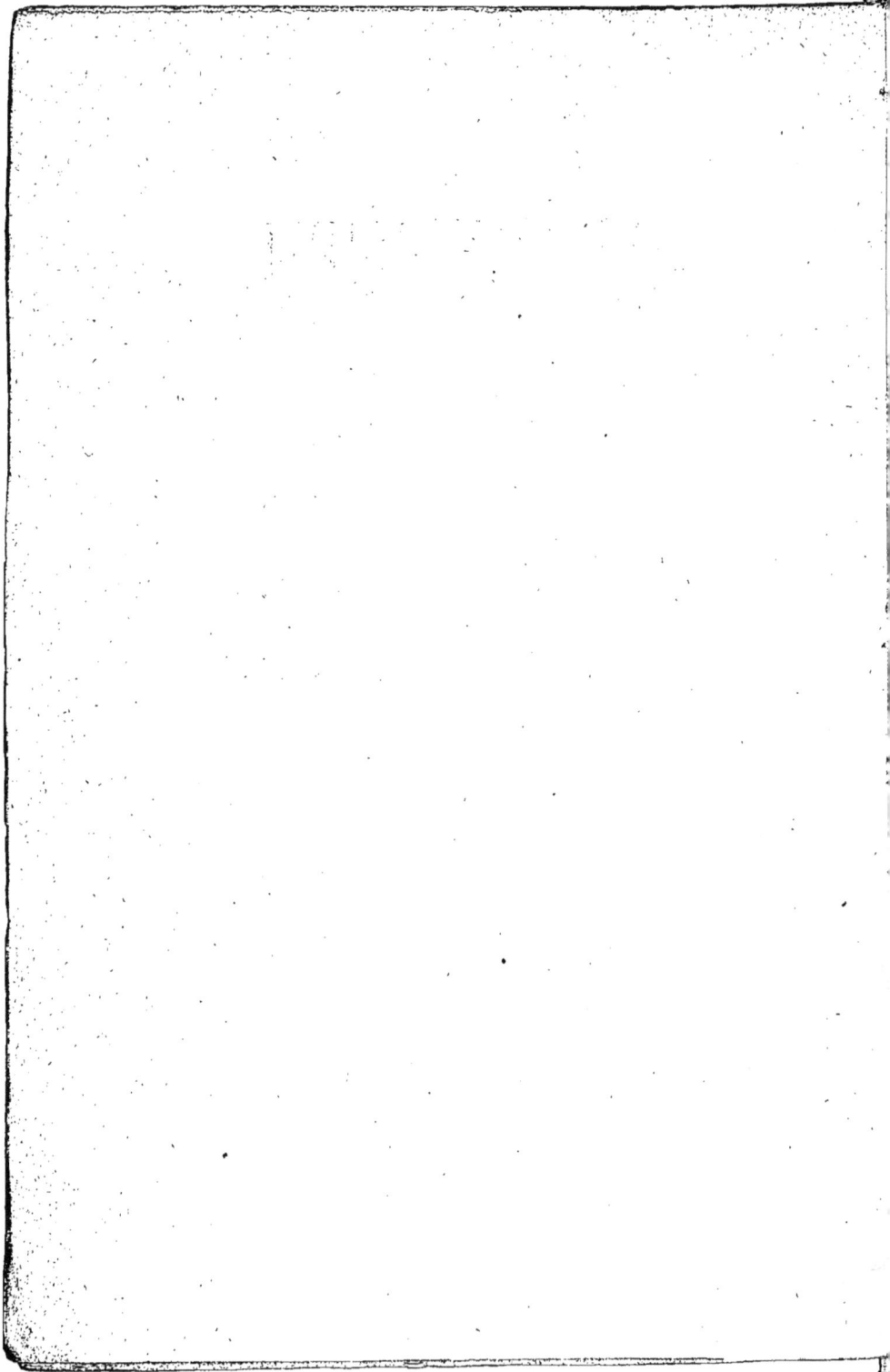

L'ABRÉVIATEUR

ou

LE CALCUL RENDU FACILE

V

Les formalités en garantie de propriété ayant été remplies, je déclare contrefait tout exemplaire qui ne sera pas revêtu de ma signature.

L'ABRÉVIATEUR

OU

LE CALCUL RENDU FACILE

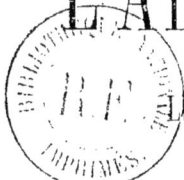

NOUVELLES TABLES

DE COMPTABILITÉ DE FINANCES, DE COMMERCE, DE BANQUE
ET DE TOUTES LES ADMINISTRATIONS PUBLIQUES
CIVILES ET MILITAIRES

SUIVIES DE

TABLES D'INTÉRÊTS COMPOSÉS, D'ANNUITÉS ET D'AMORTISSEMENT

Ouvrage aussi simple qu'ingénieux et d'un genre entièrement neuf

Utile à MM. les Trésoriers Payeurs généraux, Receveurs des
finances, Percepteurs, Banquiers, Notaires, Avoués, Huissiers,
Capitalistes, Rentiers, et généralement aux Comptables
des Administrations de finances et de commerce,
ainsi qu'à tous Négociants et Particuliers,

PAR

Charles GARNIER

COMPTABLE A LA PRÉFECTURE DE L'ISÈRE

Si toutes choses dépendent du temps,
la science du temps est donc la vraie
science des affaires, et le vrai ouvrage
du sage.　　　　BOSSUET.

2e ÉDITION

REVUE, CORRIGÉE ET AUGMENTÉE

GRENOBLE

TYPOGRAPHIE ET LITHOGRAPHIE F. ALLIER PÈRE & FILS
GRAND'RUE, 8.

1866

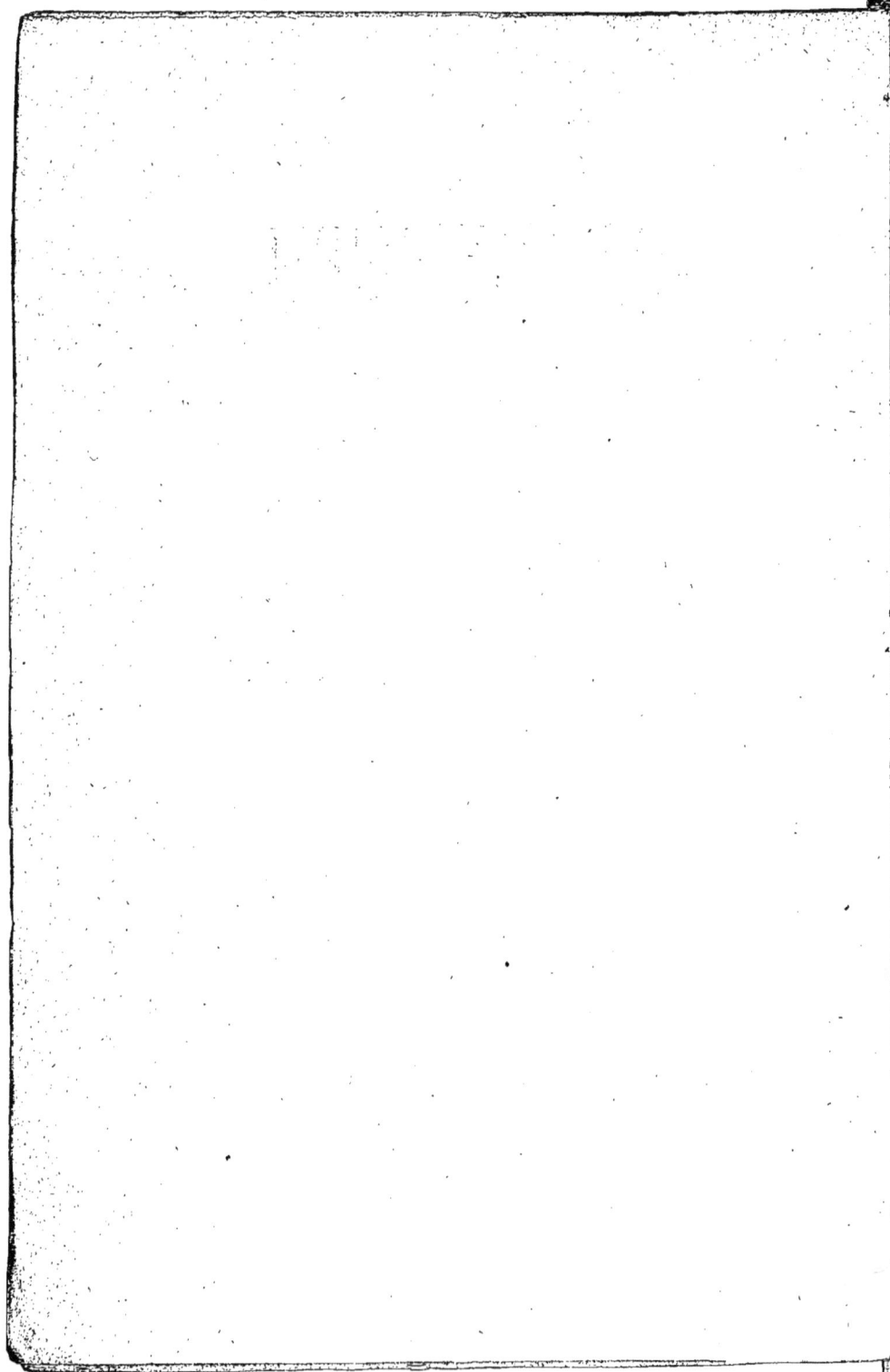

ADHÉSIONS.

L'accueil bienveillant et sympathique fait à cet ouvrage, dès le début de sa publication, par les personnes compétentes et éclairées qui en ont fait l'acquisition, m'a déterminé à reproduire quelques-unes des lettres que j'ai reçues et que mes lecteurs, j'en ai la conviction, ne liront pas sans intérêt.

Ces témoignages précieux, qui me sont tout à la fois une douce récompense et un encouragement, établiront, mieux que je ne saurais le faire, l'utilité de mon travail.

Nice, le 8 novembre 1865.

Monsieur,

J'ai l'honneur de vous adresser en timbres-poste la somme dont je vous suis redevable. Votre ouvrage me paraît de nature à rendre des services réels aux comptables et je suis très heureux d'en avoir fait l'acquisition.　　　C... G...

St-Genest-Malifaux, le 9 novembre 1865.

Monsieur,

Je suis très satisfait de ce livre, les calculs qui s'y trouvent sont d'une exactitude irréprochable, recevez-en, je vous prie, mes sincères félicitations.　　　H ..

Serrières, le 15 novembre 1865.

Monsieur,

J'ai eu quelquefois occasion de me servir de votre ouvrage, et je crois qu'on ne saurait trop lui accorder d'éloges et lui donner de publicité. Il est essentiellement utile à tous les comptables et abrège beaucoup les calculs que souvent ils sont obligés de faire.　　　M...

Montfaucon, le 18 novembre 1865.

Monsieur,

Cet ouvrage me paraît facile, d'une combinaison très ingénieuse et simple. Il doit être apprécié par les maisons de banque auxquelles il peut économiser beaucoup de temps. Pour mon compte, j'en suis très satisfait.　　　M...

St-Priest-des-Champs, le 19 novembre 1865.

Monsieur,

Je me sers souvent de votre ouvrage, et j'éprouve une grande satisfaction de pouvoir vous en remercier; les résultats sont justes et on les obtient avec la plus grande célérité, recevez-en mon sincère compliment.　　　A... V...

Coirac, le 20 novembre 1865.

Monsieur,

Ce travail est admirable par sa simplicité et l'étendue de la matière en si peu de pages.

Je vous promets de le recommander à mes contribuables, ce sera vraiment leur rendre service car il est utile à tout le monde, même indispensable.

C'est vous dire, Monsieur, que je suis heureux de posséder ce livre.　　　P...

Montron, le 21 novembre 1865.

Monsieur,

Je crois l'*Abréviateur* appelé à un grand avenir, et le titre donné à cet ouvrage est des plus mérités.　　　E... M...

Montfort-du-Gers, le 22 novembre 1865.

Monsieur,

Je ne dois pas vous cacher que j'ai étudié votre ouvrage durant plusieurs jours, et que j'ai tenu à me rendre un compte exact de la simplicité de vos diverses tables de multiplicateurs fixes, et cela sur un grand nombre de vos chiffres, dont j'ai toujours trouvé les résultats d'une rigoureuse exactitude. Il n'est pas jusqu'aux tableaux d'amortissements et de remboursements d'annuités par anticipation dont on ne doive vous féliciter, et surtout du moyen ingénieux du calcul des intérêts par une simple addition.

La simplicité de ce dernier est au-dessus de tout éloge ; on pourrait peut-être bien lui reprocher un peu moins d'exactitude dans ses résultats qu'aux multiplicateurs fixes de vos premières tables ; mais, dans tous les cas, il est d'une facilité telle que son usage est en tous points préférable à celui des anciennes tables parues jusqu'ici, dont les résultats sont généralement erronés.

Je souhaite sincèrement à votre ouvrage beaucoup de souscripteurs : il le mérite à tous égards.
V... J...

Nozay, le 1er décembre 1865.

Monsieur,

Votre ouvrage est très bien fait, vos procédés de calcul abrégé sont fort ingénieux et mettent les comptables à même d'économiser le temps dont ils ont toujours si grand besoin pour remplir leurs pénibles fonctions.

L'*Abréviateur* sera surtout d'un prix inestimable pour les banquiers , les notaires et les personnes qui ont des décomptes d'intérêts à tous les taux à établir.
P... de B...

Barcelonnette, le 24 décembre 1865.

Monsieur,

Votre *Abréviateur* est simple et ingénieux ; promptitude et exactitude dans le travail avec grande économie de temps ; je ne puis donc que vous féliciter sur ce travail.
B... de C...

Morhange, le 4 février 1866.

Monsieur,

J'ai l'honneur de vous adresser ci-joint , en timbres-poste, la somme de 6 fr., montant du prix de votre *Abréviateur*, qui est le meilleur livre de calcul d'intérêts que je connaisse jusqu'à ce jour.
H...

Beauvoir, le 27 mai 1866

Monsieur ,

J'ai l'honneur de vous adresser sous ce pli , en timbres-poste, le montant de ma souscription à l'*Abréviateur*, excellent ouvrage que je vous remercie de m'avoir adressé, ce dont je suis très heureux d'avoir fait l'acquisition.
F. de Vicendon..

Dole, le 1er mai 1866.

J'ai parcouru votre ouvrage avec grand intérêt. Vos exemples y sont d'une grande justesse et à la portée de toutes les intelligences. En un mot, cet ouvrage est bon, et je me propose d'y puiser des connaissances que je ne devrai qu'à vos sages combinaisons.
J. Étienne.

Le prix de cette 2e édition, augmentée de tableaux divers à l'usage des comptables du trésor public, a été fixé à 6 fr.

AVANT-PROPOS.

———

Abréger le travail en simplifiant le calcul des intérêts par jour, l'une des opérations de commerce et de banque les plus fréquentes etles plus essentielles; tel est le but que je me suis proposé en publiant les nouvelles tables de l'ABRÉVIATEUR.

Mais mon but n'aurait pas été entièrement rempli si je m'étais borné à présenter des moyens prompts et faciles d'établir et de vérifier les comptes d'intérêts; je tenais plus essentiellement encore à y joindre la précision , avantage que n'ont pas encore réuni, à ma connaissance, les différents ouvrages qui ont traité de cette matière.

Il existe une grande quantité de tables destinées à faciliter le règlement des intérêts, mais ces divers recueils ne m'ont pas paru, jusqu'à présent, être d'un très grand secours et répondre au but que leurs auteurs s'étaient proposé.

En effet, les uns, désireux d'obtenir une exactitude suffisante, ont porté les valeurs dans leurs tables avec une suite de sept décimales, et n'ont ainsi différé du résultat véritable, que d'une très petite quantité. Mais cette manière d'obtenir l'intérêt par des multiplications composées d'un aussi grand nombre de chiffres, n'offre aucun avantage sur la méthode en usage dans le commerce, et est même plus longue et plus embarrassante que cette dernière.

Les autres, dans leur désir d'abréger, ont réduit ces mêmes valeurs à deux ou trois chiffres au plus, et cette manière d'obtenir l'intérêt eût été sans doute la plus prompte et par conséquent la meilleure, si cette simplification n'avait eu lieu aux dépens de la précision.

Ces valeurs ainsi réduites sont autant de résultats de règles de proportion établies sur 100 fr., depuis 1 jour jusqu'à 365, et l'on comprend aisément que l'erreur qui en résulte par suite de la rencontre des fractions, si minime en apparence sur un capital de 100 fr., devient d'autant plus considérable qu'elle est multipliée par un nombre plus élevé, et ne saurait, dès lors, être tolérée.

Ces tables ne peuvent donc être d'aucune utilité aux comptables qui ont pour règle la précision.

Frappé depuis longtemps déjà de ces inconvénients réels auxquels il faut attribuer l'abandon de ces méthodes plus ou moins simplifiées, pour s'en tenir à celle dite des diviseurs fixes usitée dans le commerce, j'ai pensé qu'une méthode simple et uniforme, offrant des résultats exempts d'erreur par le moyen d'une très courte multiplication, pourrait être appelée à rendre d'incontestables services, et ne saurait manquer d'être accueillie.

C'est dans cette confiance que je publie celle-ci.

Les personnes qui, par état ou par la nature de leurs fonctions, ont à établir ou à vérifier des calculs d'intérêts, des décomptes de traitements, revenus, rentes, pensions, etc., trouveront, en procédant par la nouvelle méthode, tous les avantages que l'on peut désirer : soulagement dans le travail, facilité dans l'opération, promptitude dans l'exécution, économie d'un temps précieux dont on regrette toujours la perte, et la certitude, avantage bien plus précieux encore, d'obtenir sans peine les résultats les plus rigoureusement exacts.

Puisse l'ABRÉVIATEUR être favorablement accueilli, et réaliser ainsi les avantages que j'ai promis en devenant utile à toutes les classes de la société, particulièrement aux comptables que je remercie de leur coopération à la publication de ce travail, c'est la seule récompense que j'ambitionne.

NOTA.

Cet ouvrage est divisé en cinq parties distinctés. La table des matières qui le termine et à laquelle on pourra recourir, indique son contenu et dispense, dès lors, d'entrer dans de plus amples détails.

Une instruction succincte, contenant des exemples d'application, précède chaque table et en indique l'usage ainsi que la manière de s'en servir.

PREMIÈRE PARTIE.

Instruction sur la Table des jours.

Afin de faciliter le calcul des intérêts et le décompte des traitements, on a jugé utile de les faire précéder de deux tables des jours compris entre deux époques quelconques de l'année, l'une contenant l'année civile de 365 jours, l'autre l'année financière de 360 jours.

Dans le commerce et dans la banque il est d'usage, pour le calcul des intérêts, de diviser l'année en 365 jours; mais, pour simplifier, on compte le jour comme $\frac{1}{360}$ et non comme $\frac{1}{365}$.

C'est là une bizarrerie, sans doute, et il eût été plus régulier et plus juste de calculer l'intérêt d'après la même base que le nombre de jours; mais enfin, c'est un usage établi, il faut s'y conformer.

Quant au décompte des traitements, revenus, rentes, pensions, etc., on divise l'année en 12 mois égaux de 30 jours chacun.

La manière de se servir des deux tables est la même ; tout ce qui sera dit pour la première pourra s'appliquer à la seconde.

La première colonne indique la date pour chaque mois.

1er EXEMPLE.

Soit à trouver le nombre de jours qu'il y a du 4 juin au 20 septembre.

Suivant horizontalement la ligne 20 jusqu'à la rencontre de la colonne verticale septembre,
on trouve........ 263
Suivant de même la ligne 4 jusqu'à la rencontre de la colonne verticale juin, on
trouve. 155

Reste. . . . . 108 jours.

2e EXEMPLE.

Combien de jours du 20 septembre au 2 mai de l'année suivante ?

Année courante. 365
Au 2 mai on a. 122

Total. 487
Au 20 septembre on a. . . 263
Reste. . . . . 224 jours.

Pour l'année bissextile, on devra ajouter un jour lorsque le mois de février sera compris entre les deux époques.

TABLE

ndiquant le nombre de jours qu'il y a entre deux époques quelconques de l'année (année de 365 jours).

Janvier.	Février.	Mars.	Avril.	Mai.	Juin.	Juillet.	Août.	Septembre.	Octobre.	Novembre.	Décembre.
1	32	60	91	121	152	182	213	244	274	305	335
2	33	61	92	122	153	183	214	245	275	306	336
3	34	62	93	123	154	184	215	246	276	307	337
4	35	63	94	124	155	185	216	247	277	308	338
5	36	64	95	125	156	186	217	248	278	309	339
6	37	65	96	126	157	187	218	249	279	310	340
7	38	66	97	127	158	188	219	250	280	311'	341
8	39	67	98	128	159	189	220	251	281	312	342
9	40	68	99	129	160	190	221	252	282	313	343
10	41	69	100	130	161	191	222	253	283	314	344
11	42	70	101	131	162	192	223	254	284	315	345
12	43	71	102	132	163	193	224	255	285	316	346
13	44	72	103	133	164	194	225	256	286	317	347
14	45	73	104	134	165	195	226	257	287	318	348
15	46	74	105	135	166	196	227	258	288	319	349
16	47	75	106	136	167	197	228	259	289	320	350
17	48	76	107	137	168	198	229	260	290	321	351
18	49	77	108	138	169	199	230	261	291	322	352
19	50	78	109	139	170	200	231	262	292	323	353
20	51	79	110	140	171	201	232	263	293	324	354
21	52	80	111	141	172	202	233	264	294	325	355
22	53	81	112	142	173	203	234	265	295	326	356
23	54	82	113	143	174	204	235	266	296	327	357
24	55	83	114	144	175	205	236	267	297	328	358
25	56	84	115	145	176	206	237	268	298	329	359
26	57	85	116	146	177	207	238	269	299	330	360
27	58	86	117	147	178	208	239	270	300	331	361
28	59	87	118	148	179	209	240	271	301	332	362
29		88	119	149	180	210	241	272	302	333	363
30		89	120	150	181	211	242	273	303	334	364
31		90		151		212	243		304		365

TABLE

Indiquant le nombre de jours qu'il y a entre deux époques quelconques de l'année (année de 360 jours).

	Janvier.	Février.	Mars.	Avril.	Mai.	Juin.	Juillet.	Août.	Septembre.	Octobre.	Novembre.	Décembre.
1	31	61	91	121	151	181	211	241	271	301	331
2	32	62	92	122	152	182	212	242	272	302	332
3	33	63	93	123	153	183	213	243	273	303	333
4	34	64	94	124	154	184	214	244	274	304	334
5	35	65	95	125	155	185	215	245	275	305	335
6	36	66	96	126	156	186	216	246	276	306	336
7	37	67	97	127	157	187	217	247	277	307	337
8	38	68	98	128	158	188	218	248	278	308	338
9	39	69	99	129	159	189	219	249	279	309	339
10	40	70	100	130	160	190	220	250	280	310	340
11	41	71	101	131	161	191	221	251	281	311	341
12	42	72	102	132	162	192	222	252	282	312	342
13	43	73	103	133	163	193	223	253	283	313	343
14	44	74	104	134	164	194	224	254	284	314	344
15	45	75	105	135	165	195	225	255	285	315	345
16	46	76	106	136	166	196	226	256	286	316	346
17	47	77	107	137	167	197	227	257	287	317	347
18	48	78	108	138	168	198	228	258	288	318	348
19	49	79	109	139	169	199	229	259	289	319	349
20	50	80	110	140	170	200	230	260	290	320	350
21	51	81	111	141	171	201	231	261	291	321	351
22	52	82	112	142	172	202	232	262	292	322	352
23	53	83	113	143	173	203	233	263	293	323	353
24	54	84	114	144	174	204	234	264	294	324	354
25	55	85	115	145	175	205	235	265	295	325	355
26	56	86	116	146	176	206	236	266	296	326	356
27	57	87	117	147	177	207	237	267	297	327	357
28	58	88	118	148	178	208	238	268	298	328	358
29	59	89	119	149	179	209	239	269	299	329	359
30	60	90	120	150	180	210	240	270	300	330	360

Explication et usage des nouvelles Tables.

Les tables suivantes sont destinées à faciliter le calcul des intérêts et le décompte des traitements, revenus, rentes, pensions, etc., dans la proportion du temps.

On verra, par les exemples d'application, combien elles sont utiles, puisqu'elles donnent le moyen, non-seulement de calculer avec facilité le prorata des intérêts pour tous les jours de l'année aux taux autorisés par la loi, mais encore à tous autres taux qui pourraient être stipulés.

Ces tables ne seront pas moins utiles à ceux qui sont familiarisés avec les calculs de la banque qu'à ceux qui ne le sont pas, en ce qu'elles leur offrent la preuve des calculs qu'ils ont à faire journellement pour établir ou vérifier les comptes d'intérêts.

Ainsi qu'il a été dit dans l'instruction sur la table des jours, il est d'usage dans le commerce et dans la banque de compter les mois, non pour trente jours uniformément, mais pour le nombre de jours qu'ils contiennent réellement.

Dès lors le mois, durée variable, ne peut, dans aucun cas, être pris pour unité de temps; on compte naturellement par jour.

Dans les administrations publiques, civiles et militaires, il est généralement d'usage de diviser l'année en trois cent soixante jours.

D'un autre côté, il est évident que celui qui place, par exemple, 10,000 fr. chez un banquier à 6 p. º/º l'an, devra recevoir au bout de l'année 600 fr. d'intérêt; pour six mois la moitié, ou 300 fr. ; pour trois mois le quart, ou 150 fr., etc.

Si, comptant l'année pour trois cent soixante-cinq jours, on ajoutait cinq jours, on devrait recevoir à la fin de l'année 608 fr. 33 c. au lieu de 600 fr., c'est-à-dire plus de 6 p. º/º, et pour rendre le calcul exact, il faudrait diviser 365 par 6 au lieu de 360 par 6; mais alors la manière de compter par an ne se concilierait plus avec celle de compter par mois.

Les nouvelles tables ont été calculées sur la division de l'année en 360 jours et en comptant les mois égaux, c'est-à-dire de trente jours chacun ; on pourra toujours obtenir l'intérêt pour 365 ou 366 jours en ajoutant le produit de 1 à 6 jours à celui de l'année.

La première colonne indique le nombre de jours pour lesquels on veut obtenir l'intérêt ou l'escompte en dehors, le décompte d'un traitement, revenu, rente, pension.

Les colonnes portant le chiffre 2 contiennent les multiplicateurs ou nombres abstraits par lesquels il faut multiplier le capital, pour en avoir l'intérêt ou l'escompte en dehors pour le nombre de jours correspondant à ces multiplicateurs.

Les colonnes désignées par le chiffre 3 indiquent le nombre de chiffres qu'il faut retrancher à la droite du produit, après avoir effectué l'opération.

APPLICATION DES TABLES.

I. — Intérêts ou escompte en dehors à tous les taux.

Règle générale.

Pour obtenir l'intérêt ou l'escompte en dehors d'une somme quelconque, il faut chercher dans la colonne du taux le nombre correspondant à la durée, multiplier le capital par ce nombre et, après avoir retranché sur la droite du produit le nombre de chiffres indiqué dans la colonne 3, on a immédiatement l'intérêt ou l'escompte cherché.

S'il y a des centimes au capital, il faut retrancher deux chiffres de plus que ceux indiqués.

1er EXEMPLE.

Quel est l'intérêt ou l'escompte en dehors de 3625 fr. à 3 p. % pendant 124 jours ?

Multipliant. . .	3625
par	10 1/3

multiplicateur au taux de 3 p. º/₀, correspondant à 124 jours, on trouve, après avoir retranché 3 chiffres du produit, 37 fr. 45 c. ou 37 fr. 46 c., puisque le chiffre qui suit les centimes dépasse 5 pour l'intérêt ou l'escompte en dehors cherché.

	36250
1/3	1208
	37,458

2e EXEMPLE.

Trouver l'intérêt ou l'escompte en dehors de 8500 fr. au taux de 4 p. º/₀, pendant 67 jours.

Multipliant. . .	8500
par	7 4/9

multiplicateur au taux de 4 p. º/₀, correspondant à 67 jours et, après avoir retranché 3 chiffres du produit, on a 63 fr. 27 c. ou

	59500
3/9 ou 1/3	2833
1/9	944
	63,277

mieux 63 fr. 28 c. pour l'intérêt ou l'escompte en dehors cherché.

Nota : On a décomposé les 4/9 en 3/9 ou 1/3 et 1/9, afin d'indiquer cette simplification, lorsqu'elle se présentera, à ceux qui voudront en faire usage; mais les personnes tant soit peu habiles préféreront multiplier tout de suite par 4/9, c'est ainsi qu'il sera opéré dans les exemples subséquents.

3ᵉ EXEMPLE.

Quel est l'intérêt de 5840 fr. 75 c. à 6 p. %, pendant 162 jours?

Multipliant. .	5840	75
par		27

multiplicateur au taux de 6 p. %, correspondant à 162 jours on a 157 fr. 70 c., après avoir retranché du produit 5 décimales au lieu de 3, puisque le capital contient des centimes.

4088525	
1168150	
157,70025	

4ᵉ EXEMPLE.

Soit à déterminer l'intérêt ou l'escompte en dehors de 7000 fr. à 5 p. %, pendant 189 jours.

Multipliant. .	7000	
par	26	1/3

multiplicateur au taux de 5 p. %, correspondant à 189 jours on a, après avoir retranché 3 chiffres du produit, 1/4 183 fr. 75 c. pour l'intérêt ou l'escompte en dehors cherché.

42000	
14000	
1750	
183,750	

5ᵉ EXEMPLE.

On demande l'intérêt ou l'escompte en dehors de 10500 fr. à 3 1/2 p. % pendant 171 jours.

2

```
        Multipliant.  .      10,500
        par .   .   .   .         33  1/4
                                ───────
                                 31500
                                 31500
                           1/4    2625
                                ───────
                                349,125
                 la moitié   174,562
                                ───────
```

multiplicateur au taux de 7 p. %, correspondant à 171 jours et, prenant la moitié du produit après en avoir retranché les 3 chiffres indiqués, on a 174 fr. 56 c. pour l'intérêt ou l'escompte en dehors demandé.

6e EXEMPLE.

Quel est l'intérêt ou l'escompte en dehors de 6540 fr. 60 c., à 4 1/2 p. % pour 240 jours?

```
        Multipliant.  .     6540   60
        par .   .   .   .            6
                                ───────
                 la moitié   392,4360
                             196,218
                                ═══════
```

multiplicateur au taux de 9 p. %, correspondant à 240 jours on a, après avoir retranché du produit 4 chiffres au lieu des 2 indiqués, puisque le capital contient des centimes, 196 fr. 22 c. pour l'intérêt ou l'escompte en dehors cherché.

Il serait inutile de multiplier ces exemples, le résultat en serait partout aussi exact et l'opération aussi simple. On se bornera donc aux idées générales qui ont été exposées et à un aperçu des combinaisons qu'on peut obtenir à l'aide des nouvelles tables, pour le calcul des intérêts. Ces combinaisons pourront servir à en trouver d'autres; d'ailleurs, l'habitude est pour beaucoup en pareille matière, comme dans tous les calculs possibles.

Mais l'intérêt sur lequel on opère ne forme pas toujours une partie aliquote des taux usuels. Il peut arriver, et il arrive même fréquemment, que par suite d'opérations complexes de finances ou encore par suite d'emprunts contractés par les villes, les départements, etc., par voie d'adjudication et à un taux limite, l'intérêt se traduit par un chiffre tel que 3 fr. 49 c., 4 fr. 67 c., 5 fr. 93 c , etc.

La colonne 1 p. % servira à résoudre toutes les questions de cette nature.

1er EXEMPLE.

On veut savoir combien il faut payer d'intérêt pour une somme de 10000 fr. placée à 5 fr. 63 c. p. % pendant 108 jours.

Multipliant le produit de 10000 fr. par
5 fr. 63 c. ci.   56300
                                par. . . .   3
                                            ─────────
multiplicateur colonne 1 p. %, corres-   168,900
pondant à 108 jours et, après avoir   ═════════
retranché les 3 chiffres indiqués, on a 168 fr. 90 c. pour l'intérêt cherché.

2e EXEMPLE.

Combien produira d'intérêt une obligation de 1000 fr. rapportant 4 fr. 97 c. d'intérêt annuel, au bout de 156 jours ?

Multipliant. 4970

produit de 1000 fr. par 4 fr. 97 c. par   4 1/3

multiplicateur colonne 1 p. %, cor-   —————

respondant à 156 jours on a, après 1/3   19880

avoir retranché du produit 3 décimales,   1656

21 fr. 54 c. pour l'intérêt demandé.   —————

                                  21,536

Il est inutile d'insister plus longtemps sur les avantages de cette méthode simple et uniforme. Chacun pourra reconnaître la facilité avec laquelle les nouvelles tables se prêtent à tous les calculs qu'exigent les variations du taux de l'intérêt, et cela sans qu'il soit nécessaire de recourir à des tables supplémentaires, ni à aucune autre recherche pour obtenir la solution complète du problème qu'on se propose.

On va voir, dans le chapitre suivant, les mêmes tables servir au décompte des traitements, revenus, rentes, pensions, etc., avec une égale précision et une simplicité non moindre. C'est ce que chacun pourra vérifier en faisant la preuve des exemples d'application qui font suite.

II. Comptabilité des administrations publiques, civiles et militaires.

Traitements mensuels.

Règle générale.

Pour obtenir le décompte du nombre de jours d'un traitement mensuel, on se servira des multiplicateurs de la colonne au taux de 12 p. %; on multipliera le traitement du mois, auquel on ajoutera deux zéros, par le multiplicateur correspondant au nombre de jours et, après avoir retranché du produit le nombre de chiffres indiqué colonne 3, on aura immédiatement le décompte de la partie proportionnelle du traitement.

Si le traitement est fractionnaire, c'est-à-dire s'il contient des centimes, on le considérera comme un

nombre entier sans avoir égard à la virgule et on re-
tranchera du produit le nombre de chiffres indiqué
colonne 3.

1er EXEMPLE.

On veut savoir combien il revient pour 7 jours d'un
traitement mensuel de 500 fr.

Multipliant. . .	50000
par	2 1/3
multiplicateur au taux de 12 p. %	100000
correspondant à 7 jours et, après 1/3	16666
avoir retranché 3 chiffres du pro-	116,666

duit, on a 116 fr. 66 c. ou mieux
116 fr. 67 c. pour la partie pro-
portionnelle du traitement de 500 fr.

2e EXEMPLE.

Combien revient-il pour 27 jours d'un traitement
mensuel de 106 fr. 25 c.

Multipliant. . . .	10625
par.	9
multiplicateur colonne 12 p. % correspon-	95,625

dant à 27 jours on a, après avoir retranché
les 3 chiffres indiqués, 95 fr. 62 c. pour les
27 jours du traitement proposé.

3ᵉ EXEMPLE.

Soit à déterminer le décompte du traitement mensuel fractionnaire 133 fr. 33 c. 3/9 pendant 22 jours.

Multipliant . . .		13333	3/9
par		7	1/3
multiplicateur colonne 12 p. º/₀		93333	3/9
correspondant à 22 jours et , après	1/3	4444	4/9
avoir retranché du produit les 3		97,777	7/9

chiffres indiqués et la fraction, on a 97 fr. 78 c. pour le décompte cherché.

Traitements trimestriels.

Pour les traitements payés trimestriellement, on se servira des multiplicateurs de la colonne 4 p. º/₀, en suivant d'ailleurs la même règle que celle qui a été indiquée pour les traitements mensuels.

1ᵉʳ EXEMPLE.

On veut faire le décompte d'un traitement trimestriel de 225 fr. pour 64 jours.

Multipliant .   22500

par . .   7   1/9

multiplicateur au taux de 4 p. %   157500

correspondant à 64 jours et, après   1/9   2500

avoir retranché 3 chiffres du pro-   160,000

duit, on trouve immédiatement

160 fr. pour le décompte cherché.

2ᵉ EXEMPLE.

Soit une pension de 454 fr. 75 c. par trimestre, dont on veuille avoir la partie proportionnelle pour 54 jours.

Multipliant. . .   45475

par   6

multiplicateur au taux de 4 p. % corres- .   272,850

pondant à 54 jours et, après avoir retran-

ché les 3 chiffres indiqués, on trouve 272 fr. 85 c. pour réponse à la question posée.

3ᵉ EXEMPLE.

Soit à faire le décompte du traitement fractionnaire trimestriel de 666 fr. 66 c. 6/9 pour 75 jours.

Multipliant .   66666   6/9

par . .   8   1/3

multiplicateur au taux de 4 p. %   533333   3/9

correspondant à 75 jours et, re-   1/3   22222   2/9

tranchant du produit les 3 chif-   555,555   5/9

fres indiqués et la fraction, on a

555 fr. 55 c. pour le décompte cherché.

Traitements annuels.

On se servira des multiplicateurs de la colonne 1 p. °/o en opérant toujours comme pour les traitements mensuels.

1er EXEMPLE.

Combien revient-il pour 192 jours d'un traitement annuel de 3000 fr. ?

Multipliant . .		300000	
par . . .		5	1/3

multiplicateur colonne 1 p. °/o		1500000
correspondant à 192 jours et,	1/3	100000
retranchant 3 décimales du pro-		1600,000

duit, on a 1600 fr. pour le décompte cherché.

2e EXEMPLE.

Soit enfin un capital, un revenu, une rente, une pension de 12,647 fr. 85 c. dont on veuille obtenir la partie proportionnelle à 324 jours.

Multipliant . . .	1264785
par.	9

multiplicateur au taux de 1 p. °/o correspondant à 324 jours on trouve, après avoir retranché les 3 chiffres indiqués, 11,383 fr. 06 c.

11,383065

2*

On aura pu se convaincre par les exemples qui pré-
cèdent, choisis à dessein pour tous les cas qui pour-
raient offrir quelque difficulté, du soulagement et de
la facilité que les tables de l'*Abréviateur* apportent
dans le calcul des décomptes, tout en maintenant in-
variablement la précision la plus rigoureuse.

Et au fait, que l'on compare cette dernière opération
avec celles que l'on est obligé d'effectuer par la méthode
ordinaire, on verra qu'on arrivera au même résultat
mais avec beaucoup plus de peine et une grande perte
de temps.

Voici, du reste, les diverses opérations auxquelles il
faut recourir :

Il faut d'abord multiplier 12647 f. 85 c.

$$\text{par. . .} \quad 324 \text{ jours.}$$

$$
\begin{array}{r}
5059140 \\
2529570 \\
3794355 \\
\hline
\end{array}
$$

Puis diviser le produit. 409790340 par | 360 jours.

$$
\begin{array}{r}
49 \\
137 \\
299 \\
110 \\
234 \\
\cdot\ 180 \\
\end{array}
\quad \Big|\ \overline{1138\,f\,06\,c\,5}
$$

»

En présence de cette comparaison, il serait superflu
d'ajouter un seul mot pour indiquer à laquelle des deux
méthodes il convient de donner la préférence.

NOUVELLES TABLES

De comptabilité de finances, de commerce, de banque
et de toutes les administrations publiques
civiles et militaires

TAUX D'INTÉRÊTS.

Nombre de jours.	1 p. °/o.	Chiffres à retrancher.	2 p. °/o.	Chiffres à retrancher.	3 p. °/o.	Chiffres à retrancher.	4 p. °/o.	Chiffres à retrancher.	5 p. °/o.	Chiffres à retrancher.	6 p. °/o.	Chiffres à retrancher.
1	2 7/9	5	» 5/9	4	» 5/6	4	» 1/9	3	13 8/9	5	» 1/6	3
2	» 5/9	4	» 1/9	3	» 1/6	3	» 2/9	3	2 7/9	4	» 1/3	3
3	» 5/6	4	» 1/6	3	» 1/4	3	» 1/3	3	4 1/6	4	» 1/2	3
4	» 1/9	3	» 2/9	3	» 1/3	3	» 4/9	3	» 5/9	3	» 2/3	3
5	13 8/9	5	2 7/9	4	4 1/6	4	» 5/9	3	69 4/9	5	» 5/6	3
6	» 1/6	3	» 1/3	3	» 1/2	3	» 2/3	3	» 5/6	3	1 »	3
7	19 4/9	5	3 8/9	4	5 5/6	4	» 7/9	3	97 2/9	5	1 1/6	3
8	» 2/9	3	» 4/9	3	» 2/3	3	» 8/9	3	» 1/9	2	1 1/3	3
9	» 1/4	3	» 1/2	3	» 3/4	3	1 »	3	1 1/4	3	1 1/2	3
10	2 7/9	4	» 5/9	3	» 5/6	3	» 1/9	2	13 8/9	4	» 1/6	2
11	30 5/9	5	6 1/9	4	9 1/6	4	1 2/9	3	152 7/9	5	1 5/6	3
12	» 1/3	3	» 2/3	3	1 »	3	1 1/3	3	» 1/6	2	2 »	3
13	36 1/9	5	7 2/9	4	10 5/6	4	1 4/9	3	180 5/9	5	2 1/6	3
14	3 8/9	4	» 7/9	3	1 1/6	3	1 5/9	3	19 4/9	4	2 1/3	3
15	4 1/6	4	» 5/6	3	1 1/4	3	» 1/6	2	20 5/6	4	2 1/2	2
16	» 4/9	3	» 8/9	3	1 1/3	3	1 7/9	3	» 2/9	2	2 2/3	3
17	47 2/9	5	9 4/9	4	14 1/6	4	1 8/9	3	236 1/9	5	2 5/6	3
18	» 1/2	3	1 »	3	1 1/2	3	2 »	3	» 1/4	2	3 »	3
19	52 7/9	5	10 5/9	4	15 5/6	4	2 1/9	3	263 8/9	5	3 1/6	3
20	» 5/9	3	» 1/9	2	» 1/6	2	» 2/9	2	2 7/9	3	» 1/3	2
21	5 5/6	4	1 1/6	3	1 3/4	3	2 1/3	3	29 1/6	4	3 1/2	3
22	6 1/9	4	1 2/9	3	1 5/6	3	2 4/9	3	30 5/9	4	3 2/3	3
23	63 8/9	5	12 7/9	4	19 1/6	4	2 5/9	3	319 4/9	5	3 5/6	3
24	» 2/3	3	1 1/3	3	2 »	3	2 2/3	3	» 1/3	2	4 »	3
25	69 4/9	5	13 8/9	4	20 5/6	4	2 7/9	3	347 2/9	5	4 1/6	3
26	7 2/9	4	1 4/9	3	2 1/6	3	2 8/9	3	36 1/9	4	4 1/3	3
27	» 3/4	3	1 1/2	3	2 1/4	3	3 »	3	3 3/4	3	4 1/2	3
28	» 7/9	3	1 5/9	3	2 1/3	3	3 1/9	3	3 8/9	3	4 2/3	3
29	80 5/9	5	16 1/9	4	24 1/6	4	3 2/9	3	402 7/9	5	4 5/6	3
30	» 5/6	3	» 1/6	2	» 1/4	2	» 1/3	2	4 1/6	3	» 1/2	2

1 mois.

NOTA : Lorsqu'il y aura des centimes à la somme, on retranchera deux chiffres de plus que ceux indiqués.

TAUX D'INTÉRÊTS.

Nombre de jours.	7 p. %.	Chiffres à retrancher.	8 p. %.	Chiffres à retrancher.	9 p. %.	Chiffres à retrancher.	10 p. %.	Chiffres à retrancher.	11 p. %.	Chiffres à retrancher.	12 p. %.	Chiffres à retranchor.
1	2	3	2	3	2	3	2	3	2	3	2	3
1	19 4/9	5	» 2/9	3	» 1/4	3	2 7/9	4	30 5/9	5	» 1/3	3
2	3 8/9	4	» 4/9	3	» 1/2	3	» 5/9	3	6 1/9	4	» 2/3	3
3	5 5/6	4	» 2/3	3	» 3/4	3	» 5/6	3	9 1/6	4	1 »	3
4	» 7/9	3	» 8/9	3	1 »	3	» 1/9	2	1 2/9	3	1 1/3	3
5	97 2/9	5	» 1/9	2	1 1/4	3	13 8/9	4	152 7/9	5	» 1/6	2
6	1 1/6	3	1 1/3	3	1 1/2	3	» 1/6	2	1 5/6	3	2 »	3
7	136 1/9	5	1 5/9	3	1 3/4	3	19 4/9	4	213 8/9	5	2 1/3	3
8	1 5/9	3	1 7/9	3	2 »	3	» 2/9	2	2 4/9	3	2 2/3	3
9	1 3/4	3	2 »	3	2 1/4	3	» 1/4	2	2 3/4	3	3 »	3
10	19 4/9	4	» 2/9	2	2 1/2	2	2 7/9	3	30 5/9	4	» 1/3	2
11	213 8/9	5	2 4/9	3	2 3/4	3	30 5/9	4	336 1/9	5	3 2/3	3
12	2 1/3	3	2 2/3	3	3 »	3	» 1/3	2	3 2/3	3	4 »	3
13	252 7/9	5	2 8/9	3	3 1/4	3	36 1/9	4	397 2/9	5	4 1/3	3
14	27 2/9	4	3 1/9	3	3 1/2	3	3 8/9	3	42 7/9	4	4 2/3	3
15	29 1/6	4	» 1/3	2	3 3/4	3	4 1/6	3	45 5/6	4	5 »	2
16	3 1/9	3	3 5/9	3	4 »	3	» 4/9	2	4 8/9	3	5 1/3	3
17	330 5/9	5	3 7/9	3	4 1/4	3	47 2/9	4	519 4/9	5	5 2/3	3
18	3 1/2	3	4 »	3	4 1/2	3	» 1/2	2	5 1/2	3	6 »	3
19	369 4/9	5	4 2/9	3	4 3/4	3	52 7/9	4	580 5/9	5	6 1/3	3
20	3 8/9	3	» 4/9	2	» 1/2	2	» 5/9	2	6 1/9	3	» 2/3	2
21	40 5/6	4	4 2/3	3	5 1/4	3	5 5/6	3	64 1/6	4	7 »	3
22	42 7/9	4	4 8/9	3	5 1/2	3	6 1/9	3	67 2/9	4	7 1/3	3
23	447 2/9	5	5 1/9	3	5 3/4	3	63 8/9	4	702 7/9	5	7 2/3	3
24	4 2/3	3	5 1/3	3	6 »	3	» 2/3	2	7 1/3	3	8 »	3
25	486 1/9	5	» 5/9	2	6 1/4	3	69 4/9	4	763 8/9	5	8 1/3	3
26	50 5/9	4	5 7/9	3	6 1/2	3	7 2/9	3	79 4/9	4	8 2/3	3
27	5 1/4	3	6 »	3	6 3/4	3	» 3/4	2	8 1/4	3	9 »	3
28	5 4/9	3	6 2/9	3	7 »	3	» 7/9	2	8 5/9	3	9 1/3	3
29	563 8/9	5	6 4/9	3	7 1/4	3	80 5/9	4	886 1/9	5	9 2/3	3
30	5 5/6	3	» 2/3	2	» 3/4	2	» 5/6	2	9 1/6	3	1 »	2
1 mois.												

NOTA : Lorsqu'il y aura des centimes à la somme, on retranchera deux chiffres de plus que ceux indiqués.

TAUX D'INTÉRÊTS.

Nombre de jours.	1 p. %		Chiffres à retrancher.	2 p. %		Chiffres à retrancher.	3 p. %		Chiffres à retrancher.	4 p. %		Chiffres à retrancher.	5 p. %		Chiffres à retrancher.	6 p. %		Chiffres à retrancher.
31	86	1/9	5	17	2/9	4	25	5/6	4	3	4/9	3	430	5/9	5	5	1/6	3
32	»	8/9	3	1	7/9	3	2	2/3	3	3	5/9	3	»	4/9	2	5	1/3	3
33	9	1/6	4	1	5/6	3	2	3/4	3	3	2/3	3	45	5/6	4	5	1/2	3
34	9	4/9	4	1	8/9	3	2	5/6	3	3	7/9	3	47	2/9	4	5	2/3	3
35	97	2/9	5	19	4/9	4	29	1/6	4	3	8/9	3	486	1/9	5	5	5/6	3
36	1	»	3	2	»	3	3	»	3	4	»	3	5	»	3	»	1/2	2
37	102	7/9	5	20	5/9	4	30	5/6	4	4	1/9	3	513	8/9	5	6	1/6	3
38	10	5/9	4	2	1/9	3	3	1/6	3	4	2/9	3	52	7/9	4	6	1/3	3
39	10	5/6	4	2	1/6	3	3	1/4	3	4	1/3	3	54	1/6	4	6	1/2	3
40	»	1/9	2	»	2/9	2	»	1/3	2	»	4/9	2	»	5/9	2	»	2/3	2
41	113	8/9	5	22	7/9	4	34	1/6	4	4	5/9	3	569	4/9	5	6	5/6	3
42	1	1/6	3	2	1/3	3	3	1/2	3	4	2/3	3	5	5/6	3	7	»	3
43	119	4/9	5	23	8/9	4	35	5/6	4	4	7/9	3	597	2/9	5	7	1/6	3
44	1	2/9	3	2	4/9	3	3	2/3	3	4	8/9	3	6	1/9	3	7	1/3	3
45	1	1/4	3	2	1/2	3	3	3/4	3	5	»	3	6	1/4	3	»	3/4	2
46	12	7/9	4	2	5/9	3	3	5/6	3	5	1/9	3	63	8/9	4	7	2/3	3
47	130	5/9	5	26	1/9	4	39	1/6	4	5	2/9	3	652	7/9	5	7	5/6	3
48	1	1/3	3	2	2/3	3	4	»	3	5	1/3	3	»	2/3	2	8	»	3
49	136	1/9	5	27	2/9	4	40	5/6	4	5	4/9	3	680	5/9	5	8	1/6	3
50	13	8/9	4	2	7/9	3	4	1/6	3	»	5/9	2	69	4/9	4	»	5/6	2
51	14	1/6	4	2	5/6	3	4	1/4	3	5	2/3	3	70	5/6	4	8	1/2	3
52	1	4/9	3	2	8/9	3	4	1/3	3	5	7/9	3	7	2/9	3	8	2/3	3
53	147	2/9	5	29	4/9	4	44	1/6	4	5	8/9	3	736	1/9	5	8	5/6	3
54	1	1/2	3	3	»	3	4	1/2	3	6	»	3	»	3/4	2	9	»	3
55	152	7/9	5	30	5/9	4	45	5/6	4	6	1/9	3	763	8/9	5	9	1/6	3
56	1	5/9	3	3	1/9	3	4	2/3	3	6	2/9	3	»	7/9	2	9	1/3	3
57	15	5/6	4	3	1/6	3	4	3/4	3	6	1/3	3	79	1/6	4	9	1/2	3
58	16	1/9	4	3	2/9	3	4	5/6	3	6	4/9	3	80	5/9	4	9	2/3	3
59	163	8/9	5	32	7/9	4	49	1/6	4	6	5/9	3	819	4/9	5	9	5/6	3
60	»	1/6	2	»	1/3	2	»	1/2	2	»	2/3	2	»	5/6	2	1	»	2

2 mois.

NOTA : Lorsqu'il y aura des centimes à la somme, on retranchera deux chiffres de plus que ceux indiqués.

TAUX D'INTÉRÊTS.

Nombre de jours	7 p. %	Chiffres à retrancher.	8 p. %.	Chiffres à retrancher.	9 p. %.	Chiffres à retrancher.	10 p. %.	Chiffres à retrancher.	11 p. %	Chiffres à retrancher.	12 p. %.	Chiffres à retrancher.
1	2	3	2	3	2	3	2	3	2	3	2	3
31	602 7/9	5	6 8/9	3	7 3/4	3	86 1/9	4	947 2/9	5	10 1/3	3
32	6 2/9	3	7 1/9	3	8 »	3	» 8/9	2	9 7/9	3	10 2/3	3
33	64 1/6	4	7 1/3	3	8 1/4	3	9 1/6	3	100 5/6	4	11 »	3
34	66 1/9	4	7 5/9	3	8 1/2	3	9 4/9	3	103 8/9	4	11 1/3	3
35	680 5/9	5	» 7/9	2	8 3/4	3	97 2/9	4	1069 4/9	5	1 1/6	2
36	7 »	3	8 »	3	9 »	3	1 »	2	11 »	3	12 »	3
37	719 4/9	5	8 2/9	3	9 1/4	3	102 7/9	4	1130 5/9	5	12 1/3	3
38	73 8/9	4	8 4/9	3	9 1/2	3	10 5/9	3	116 1/9	4	12 2/3	3
39	75 5/6	4	8 2/3	3	9 3/4	3	10 5/6	3	119 1/6	4	13 »	3
40	» 7/9	2	» 8/9	2	1 »	2	1 1/9	2	1 2/9	2	1 1/3	2
41	797 2/9	5	9 1/9	3	10 1/4	3	113 8/9	4	1252 7/9	5	13 2/3	3
42	8 1/6	3	9 1/3	3	10 1/2	3	1 1/6	2	12 5/6	3	14 »	3
43	836 1/9	5	9 5/9	3	10 3/4	3	119 4/9	4	1313 8/9	5	14 1/3	3
44	8 5/9	3	9 7/9	3	11 »	3	1 2/9	2	13 4/9	3	14 2/3	3
45	8 3/4	3	1 »	2	11 1/4	3	1 1/4	2	13 3/4	3	1 1/2	2
46	89 4/9	4	10 2/9	3	11 1/2	3	12 7/9	3	140 5/9	4	15 1/3	3
47	913 8/9	5	10 4/9	3	11 3/4	3	130 5/9	4	1436 1/9	5	15 2/3	3
48	9 1/3	3	10 2/3	3	12 »	3	1 1/3	2	14 2/3	3	16 »	3
49	952 7/9	5	10 8/9	3	12 1/4	3	136 1/9	4	1497 2/9	5	16 1/3	3
50	97 2/9	4	1 1/9	2	1 1/4	2	13 8/9	3	152 7/9	4	1 2/3	2
51	99 1/6	4	11 1/3	3	12 3/4	3	14 1/6	3	155 5/6	4	17 »	3
52	10 1/9	3	11 5/9	3	13 »	3	1 4/9	2	15 8/9	3	17 1/3	3
53	1030 5/9	5	11 7/9	3	13 1/4	3	147 2/9	4	1619 4/9	5	17 2/3	3
54	10 1/2	3	12 »	3	13 1/2	3	1 1/2	2	16 1/2	3	18 »	3
55	1069 4/9	5	1 2/9	2	13 3/4	3	152 7/9	4	1680 5/9	5	18 1/3	3
56	10 8/9	3	12 4/9	3	14 »	3	1 5/9	2	17 1/9	3	18 2/3	3
57	110 5/6	4	12 2/3	3	14 1/4	3	15 5/6	3	174 1/6	4	19 »	3
58	112 7/9	4	12 8/9	3	14 1/2	3	16 1/9	3	177 2/9	4	19 1/3	3
59	1147 2/9	5	13 1/9	3	14 3/4	3	163 8/9	4	1802 7/9	5	19 2/3	3
60	1 1/6	2	1 1/3	2	1 1/2	2	1 2/3	2	18 1/3	3	2 »	2
2 mois.												

NOTA : Lorsqu'il y aura des centimes à la somme, on retranchera deux chiffres de plus que ceux indiqués.

TAUX D'INTÉRÊTS.

Nombre de jours.	1 p. %/o.		Chiffres à retrancher.	2 p. %/o.		Chiffres à retrancher.	3 p. %/o.		Chiffres à retrancher.	4 p. %/o.		Chiffres à retrancher.	5 p. %/o.		Chiffres à retrancher.	6 p. %/o.		Chiffres à retrancher.
61	169	4/9	5	33	8/9	4	50	5/6	4	6	7/9	3	847	2/9	5	10	1/6	3
62	17	2/9	4	3	4/9	3	5	1/6	3	6	8/9	3	86	1/9	4	10	1/3	3
63	1	3/4	3	3	1/2	3	5	1/4	3	7	»	3	8	3/4	3	10	1/2	3
64	1	7/9	3	3	5/9	3	5	1/3	3	7	1/9	3	»	8/9	2	10	2/3	3
65	180	5/9	5	36	1/9	4	54	1/6	4	7	2/9	3	902	7/9	5	10	5/6	3
66	1	5/6	3	3	2/3	3	5	1/2	3	7	1/3	3	9	1/6	3	11	»	3
67	186	1/9	5	37	2/9	4	55	5/6	4	7	4/9	3	930	5/9	5	11	1/6	3
68	1	8/9	3	3	7/9	3	5	2/3	3	7	5/9	3	9	4/9	3	11	1/3	3
69	19	1/6	4	3	5/6	3	5	3/4	3	7	2/3	3	95	5/6	4	11	1/2	3
70	19	4/9	4	3	8/9	3	5	5/6	3	»	7/9	2	97	2/9	4	1	1/6	2
71	197	2/9	5	39	4/9	4	59	1/6	4	7	8/9	3	986	1/9	5	11	5/6	3
72	2	»	3	4	»	3	6	»	3	8	»	3	1	,	2	12	»	3
73	202	7/9	5	40	5/9	4	60	5/6	4	8	1/9	3	1013	8/9	5	12	1/6	3
74	20	5/9	4	4	1/9	3	6	1/6	3	8	2/9	3	102	7/9	4	12	1/3	3
75	20	5/6	4	4	1/6	3	6	1/4	3	8	1/3	3	101	1/6	4	1	1/4	2
76	2	1/9	3	4	2/9	3	6	1/3	3	8	4/9	3	10	5/9	3	12	2/3	3
77	213	8/9	5	42	7/9	4	64	1/6	4	8	5/9	3	1069	4/9	5	12	5/6	3
78	2	1/6	3	4	1/3	3	6	1/2	3	8	2/3	3	10	5/6	3	13	:	3
79	219	4/9	5	43	8/9	4	65	5/6	4	8	7/9	3	1097	2/9	5	1	1/3	2
80	»	2/9	2	»	4/9	2	»	2/3	2	»	8/9	2	1	1/9	2	13	1/2	3
81	2	1/4	3	4	1/2	3	6	3/4	3	9	»	3	11	1/4	3	13	2/3	3
82	22	7/9	4	4	5/9	3	6	5/6	3	9	1/9	3	113	8/9	4	13	5/6	3
83	230	5/9	5	46	1/9	4	69	1/6	4	9	2/9	3	1152	7/9	5	14	»	3
84	2	1/3	3	4	2/3	3	7	»	3	9	1/3	3	1	1/6	2	14	1/6	3
85	236	1/9	5	47	2/9	4	70	5/6	4	9	4/9	3	1180	5/9	5	14	1/3	3
86	23	8/9	4	4	7/9	3	7	1/6	3	9	5/9	3	119	4/9	4	14	1/2	3
87	24	1/6	4	4	5/6	3	7	1/4	3	9	2/3	3	120	5/6	4	14	2/3	3
88	2	4/9	3	4	8/9	3	7	1/3	3	9	7/9	3	1	2/9	2	14	5/6	3
89	247	2/9	5	49	4/9	4	74	1/6	4	9	8/9	3	1236	1/9	5	1	1/2	2
90	2	1/2	3	»	1/2	2	»	3/4	2	1	»	2	1	1/4	2			

3 mois.

NOTA : Lorsqu'il y aura des centimes à la somme, on retranchera deux chiffres de plus que ceux indiqués.

TAUX D'INTÉRÊTS.

Nombre de jours.	7 p. %.	Chiffres à retrancher.	8 p. %.	Chiffres à retrancher.	9 p. %.	Chiffres à retrancher.	10 p. %.	Chiffres à retrancher.	11 p. %.	Chiffres à retrancher.	12 p. %.	Chiffres à retrancher.
1	2	3	2	3	2	3	2	3	2	3	2	3
61	1186 1/9	5	13 5/9	3	15 1/4	3	169 4/9	4	1863 8/9	5	20 1/3	3
62	120 5/9	4	13 7/9	3	15 1/2	3	17 2/9	3	189 4/9	4	20 2/3	3
63	12 1/4	3	14 »	3	15 3/4	3	1 3/4	2	19 1/4	3	21 »	3
64	12 4/9	3	14 2/9	3	16 »	3	1 7/9	2	19 5/9	3	21 1/3	3
65	1263 8/9	5	1 4/9	2	16 1/4	3	180 5/9	4	1986 1/9	5	2 1/6	2
66	12 5/6	3	14 2/3	3	16 1/2	3	1 5/6	2	20 1/6	3	22 »	3
67	1302 7/9	5	14 8/9	3	16 3/4	3	186 1/9	4	2047 2/9	5	22 1/3	3
68	13 2/9	3	15 1/9	3	17 »	3	1 8/9	2	20 7/9	3	22 2/3	3
69	134 1/6	4	15 1/3	3	17 1/4	3	19 1/6	3	210 5/6	4	23 »	3
70	136 1/9	4	1 5/9	2	1 3/4	2	19 4/9	3	213 8/9	4	2 1/3	2
71	1380 5/9	5	15 7/9	3	17 3/4	3	197 2/9	4	2169 4/9	5	23 2/3	3
72	14 »	3	16 »	3	18 »	3	2 »	2	22 »	3	24 »	3
73	1419 4/9	5	16 2/9	3	18 1/4	3	202 7/9	4	2230 5/9	5	24 1/3	3
74	143 8/9	4	16 4/9	3	18 1/2	3	20 5/9	3	226 1/9	4	24 2/3	3
75	145 5/6	4	1 2/3	2	18 3/4	3	20 5/6	3	229 1/6	4	2 1/2	2
76	14 7/9	3	16 8/9	3	19 »	3	2 1/9	2	23 2/9	3	25 1/3	3
77	1497 2/9	5	17 1/9	3	19 1/4	3	213 8/9	4	2352 7/9	5	25 2/3	3
78	15 1/6	3	17 1/3	3	19 1/2	3	2 1/6	2	23 5/6	3	26 »	3
79	1536 1/9	5	17 5/9	3	19 3/4	3	219 4/9	4	2413 8/9	5	26 1/3	3
80	1 5/9	2	1 7/9	2	2 »	2	2 2/9	2	2 4/9	2	2 2/3	2
81	15 3/4	3	18 »	3	20 1/4	3	2 1/4	2	24 3/4	3	27 »	3
82	159 4/9	4	18 2/9	3	20 1/2	3	22 7/9	3	250 5/9	4	27 1/3	3
83	1613 8/9	5	18 4/9	3	20 3/4	3	230 5/9	4	2536 1/9	5	27 2/3	3
84	16 1/3	3	18 2/3	3	21 »	3	2 1/3	2	25 2/3	3	28 »	3
85	1652 7/9	5	1 8/9	2	21 1/4	3	236 1/9	4	2597 2/9	5	28 1/3	3
86	167 2/9	4	19 1/9	3	21 1/2	3	23 8/9	3	262 7/9	4	28 2/3	3
87	169 1/6	4	19 1/3	3	21 3/4	3	24 1/6	3	265 5/6	4	29 »	3
88	17 1/9	3	19 5/9	3	22 »	3	2 4/9	2	26 8/9	3	29 1/3	3
89	1730 5/9	5	19 7/9	3	22 1/4	3	247 2/9	4	2719 4/9	5	29 2/3	3
90	17 1/2	3	2 »	2	2 1/4	2	2 1/2	2	27 1/2	3	3 »	2

3 mois.

NOTA : Lorsqu'il y aura des centimes à la somme, on retranchera deux chiffres de plus que ceux indiqués.

TAUX D'INTÉRÊTS.

Nombre de jours.	1 p. o/o.	Chiffres à retrancher.	2 p. o/o.	Chiffres à retrancher.	3 p. o/o.	Chiffres à retrancher.	4 p. o/o.	Chiffres à retrancher.	5 p. o/o.	Chiffres à retrancher.	6 p. o/o.	Chiffres à retrancher.
91	252 7/9	5	50 5/9	4	75 5/6	4	10 1/9	3	1263 8/9	5	15 1/6	3
92	2 5/9	3	5 1/9	3	7 2/3	3	10 2/9	3	12 7/9	3	15 1/3	3
93	25 5/6	4	5 1/6	3	7 3/4	3	10 1/3	3	129 1/6	4	15 1/2	3
94	26 1/9	4	5 2/9	3	7 5/6	3	10 4/9	3	130 5/9	4	15 2/3	3
95	263 8/9	5	52 7/9	4	79 1/6	4	10 5/9	3	1319 4/9	5	15 5/6	3
96	2 2/3	3	5 1/3	3	8 »	3	10 2/3	3	1 1/3	2	16 »	3
97	269 4/9	5	53 8/9	4	80 5/6	4	10 7/9	3	1347 2/9	5	16 1/6	3
98	27 2/9	4	5 4/9	3	8 1/6	3	10 8/9	3	136 1/9	4	16 1/3	3
99	2 3/4	3	5 1/2	3	8 1/4	3	11 »	3	13 3/4	3	16 1/2	3
100	2 7/9	3	» 5/9	2	» 5/6	2	1 1/9	2	13 8/9	3	1 2/3	2
101	280 5/9	5	56 1/9	4	84 1/6	4	11 2/9	3	1402 7/9	5	16 5/6	3
102	2 5/6	3	5 2/3	3	8 1/2	3	11 1/3	3	14 1/6	3	17 »	3
103	286 1/9	5	57 2/9	4	85 5/6	4	11 4/9	3	1430 5/9	5	17 1/6	3
104	2 8/9	3	5 7/9	3	8 2/3	3	11 5/9	3	1 4/9	2	17 1/3	3
105	29 1/6	4	5 5/6	3	8 3/4	3	11 2/3	3	145 5/6	4	17 1/2	3
106	29 4/9	4	5 8/9	3	8 5/6	3	11 7/9	3	147 2/9	4	17 2/3	3
107	297 2/9	5	59 4/9	4	89 1/6	4	11 8/9	3	1486 1/9	5	17 5/6	3
108	3 »	3	6 »	3	9 »	3	12 »	3	1 1/2	2	18 »	3
109	302 7/9	5	60 5/9	4	90 5/6	4	12 1/9	3	1513 8/9	5	18 1/6	3
110	30 5/9	4	6 1/9	3	9 1/6	3	1 2/9	2	152 7/9	4	1 5/6	2
111	30 5/6	4	6 1/6	3	9 1/4	3	12 1/3	3	154 1/6	4	18 1/2	3
112	3 1/9	3	6 2/9	3	9 1/3	3	12 4/9	3	1 5/9	2	18 2/3	3
113	313 8/9	5	62 7/9	4	94 1/6	4	12 5/9	3	1569 4/9	5	18 5/6	3
114	3 1/6	3	6 1/3	3	9 1/2	3	12 2/3	3	15 5/6	3	19 »	3
115	319 4/9	5	63 8/9	4	95 5/6	4	12 7/9	3	1597 2/9	5	19 1/6	3
116	3 2/9	3	6 4/9	3	9 2/3	3	12 8/9	3	16 1/9	3	19 1/3	3
117	3 1/4	3	6 1/2	3	9 3/4	3	13 »	3	16 1/4	3	19 1/2	3
118	32 7/9	4	6 5/9	3	9 5/6	3	13 1/9	3	163 8/9	4	19 2/3	3
119	330 5/9	5	66 1/9	4	99 1/6	4	13 2/9	3	1652 7/9	5	19 5/6	3
120	» 1/3	2	» 2/3	2	1 »	2	1 1/3	2	1 2/3	2	2 »	2

4 mois.

Nota : Lorsqu'il y aura des centimes à la somme, on retranchera deux chiffres de plus que ceux indiqués.

	7			8			9			10			11			12	
91	176	4/9	5	20	2/9	3	22	3/4	3	252	7/9	4	2780	5/9	5	30	
92	17	8/9	3	20	1/7			5/9		2			28			30	
93	180	5/8		20				1/4	3	25	6/9	3	28			30	
94	182	7/9						1/2	3	26		3	287	2/9		31	
95	187				16		24	3/4	3	263	5/9	4	290	7/9	5	31	
96	19	4/9		21	1/9	3	24	1/4	3	12	2/3	2	29	1/9		31	
97	186	1/9	5	21	5/9	3	24	1/4	3	269	4/9	4	2963	8/9	5	31	
98	190	5/9		21	7/9	3	24	1/2	3	27	2/9	3	299	4/9		33	
99	19	1/4	3	22		3	24	3/4	3	2	3/4	2	30	1/4	3	33	
100	19	3/9		2	2/9	2	2	1/2	2	2	7/9	2	30	5/9	3	33	
101	196	8/9	5	22	4/9	3	25	1/4	3	280	5/9	4	3086	1/9	5	33	
102	19	5/6	3	22	2/3	3	25	1/2	3	2	5/6	2	31	1/6	3	34	
103	2002	7/9	5	22	8/9	3	25	3/4	3	286	1/9	4	3147	2/9	5	34	
104	20	2/9		23	1/9	3	26		3	2	8/9	2	31	7/9	3	34	
105	20	5/6		2	1/3		26	1/4	3	29	1/6	3	320	5/9			
106	206	1/9		23	5/9	3	26	1/2	3	29	4/9	3	323	8/9		35	
107	2080	5/9	5	23	7/9	3	26	3/4	3	297	2/9	4	3260	1/9	5	35	
108	21	2	3	24		3	27		3	3	1/2	2	33	2	3	36	
109	211	4/9	5	24	2/9	3	27	1/4	3	302	7/9	4	3330	5/9	5	36	
110	213	8/9		2	4/9	2	2	3/4	2	30	5/9	3	336	1/9		37	
111	216	5/6		24	2/3	3	27	3/4	3	30	5/6	3	339	4/6		37	
112	21	7/9	3	24	8/9	3	28	2	3	3	1/9	2	34	2/9		37	
113	2107	2/9	5	25	4/9	3	28	1/4	3	313	8/9	4	3452	7/9	5	37	
114	22	1/6	3	25	1/3	3	28	1/2	3	3	1/6	2	34	5/6		38	
115	2286	1/9	5	2	5/9	2	28	3/4	3	319	4/9	4	3518	8/9	5	38	
116	22	5/9		25	7/9	3	29		3	3	2/9	2	35	1/9		38	
117	22	3/4		26		3	29	1/4	3	3	1/4	2	35	3/4		39	
118	229	4/9	4	26	2/9		29	1/2	3	32	7/9	3	360	5/9		39	
119	231	8/9	5	26	4/9	3	29	3/4	3	330	5/9	4	3636	1/9	5	39	
120	2	1/3	2	2	2/3	2	2		2	3	1/3	2	3	2/3	2		

NOTA. Lorsqu'il y aura des centimes à la somme, on retranchera deux chiffres de plus que ceux indiqués.

TAUX D'INTÉRÊTS.

Nombre de jours	1 p. °/o.		Chiffres à retrancher	2 p. °/o.		Chiffres à retrancher	3 p. °/o.		Chiffres à retrancher	4 p. °/o.		Chiffres à retrancher	5 p. °/o.		Chiffres à retrancher	6 p. °/o.		Chiffres à retrancher
121	336	1/9	5	67	2/9	4	100	5/6	4	13	4/9	3	1680	5/9	5	20	1/6	3
122	33	8/9	4	6	7/9	3	10	1/6	3	13	5/9	3	169	4/9	4	20	1/3	3
123	34	1/6	4	6	5/6	3	10	1/4	3	13	2/3	3	170	5/6	4	20	1/2	3
124	3	4/9	3	6	8/9	3	10	1/3	3	13	7/9	3	17	2/9	3	20	2/3	3
125	347	2/9	5	69	4/9	4	104	1/6	4	13	8/9	3	1736	1/9	5	20	5/6	3
126	3	1/2	3	7	»	3	10	1/2	3	14	»	3	1	3/4	2	21	»	3
127	352	7/9	5	70	5/9	4	105	5/6	4	14	1/9	3	1763	8/9	5	21	1/6	3
128	3	5/9	3	7	1/9	3	10	2/3	3	14	2/9	3	1	7/9	2	21	1/3	3
129	35	5/6	4	7	1/6	3	10	3/4	3	14	1/3	3	179	1/6	4	21	1/2	3
130	36	1/9	4	7	2/9	3	10	5/6	3	1	4/9	2	180	5/9	4	2	1/6	2
131	363	8/9	5	72	7/9	4	109	1/6	4	14	5/9	3	1819	4/9	5	21	5/6	3
132	3	2/3	3	7	1/3	3	11	»	3	14	2/3	3	18	1/3	3	22	»	3
133	369	4/9	5	73	8/9	4	110	5/6	4	14	7/9	3	1847	2/9	5	22	1/6	3
134	37	2/9	4	7	4/9	3	11	1/6	3	14	8/9	3	186	1/9	4	22	1/3	3
135	3	3/4	3	7	1/2	3	11	1/4	3	15	»	3	18	3/4	3	2	1/4	2
136	3	7/9	3	7	5/9	3	11	1/3	3	15	1/9	3	1	8/9	2	22	2/3	3
137	380	5/9	5	76	1/9	4	114	1/6	4	15	2/9	3	1902	7/9	5	22	5/6	3
138	3	5/6	3	7	2/3	3	11	1/2	3	15	1/3	3	19	1/6	3	23	»	3
139	386	1/9	5	77	2/9	4	115	5/6	4	15	4/9	3	1930	5/9	5	23	1/6	3
140	3	8/9	3	»	7/9	2	1	1/6	2	1	5/9	2	19	4/9	3	2	1/3	2
141	39	1/6	4	7	5/6	3	11	3/4	3	15	2/3	3	195	5/6	4	23	1/2	3
142	39	4/9	4	7	8/9	3	11	5/6	3	15	7/9	3	197	2/9	4	23	2/3	3
143	397	2/9	5	79	4/9	4	119	1/6	4	15	8/9	3	1986	1/9	5	23	5/6	3
144	4	»	3	8	»	3	12	»	3	16	»	3	2	»	2	24	»	3
145	402	7/9	5	80	5/9	4	120	5/6	4	16	1/9	3	2013	8/9	5	24	1/6	3
146	40	5/9	4	8	1/9	3	12	1/6	3	16	2/9	3	202	7/9	4	24	1/3	3
147	40	5/6	4	8	1/6	3	12	1/4	3	16	1/3	3	204	1/6	4	24	1/2	3
148	4	1/9	3	8	2/9	3	12	1/3	3	16	4/9	3	20	5/9	3	24	2/3	3
149	413	8/9	5	82	7/9	4	124	1/6	4	16	5/9	3	2069	4/9	5	24	5/6	3
150	4	1/6	3	»	5/6	2	1	1/4	2	1	2/3	2	20	5/6	3	2	1/2	2

5 mois.

NOTA : Lorsqu'il y aura des centimes à la somme, on retranchera deux chiffres de plus que ceux indiqués.

TAUX D'INTÉRÊTS.

Nombre de jours.	7 p. %.	Chiffres à retrancher.	8 p. %.	Chiffres à retrancher.	9 p. %.	Chiffres à retrancher.	10 p. %.	Chiffres à retrancher.	11 p. %.	Chiffres à retrancher.	12 p. %.	Chiffres à retrancher.
121	2352 7/9	5	26 8/9	3	30 1/4	3	336 1/9	4	3697 2/9	5	40 1/3	3
122	237 2/9	4	27 1/9	3	30 1/2	3	33 8/9	3	372 7/9	4	40 2/3	3
123	239 1/6	4	27 1/3	3	30 3/4	3	34 1/6	3	375 5/6	4	41 »	3
124	24 1/9	3	27 5/9	3	31 »	3	3 4/9	2	37 8/9	3	41 1/3	3
125	2430 5/9	5	2 7/9	2	31 1/4	3	347 2/9	4	3819 4/9	5	4 1/6	2
126	24 1/2	3	28 »	3	31 1/2	3	3 1/2	2	38 1/2	3	42 »	3
127	2469 4/9	5	28 2/9	3	31 3/4	3	352 7/9	4	3880 5/9	5	42 1/3	3
128	24 8/9	3	28 4/9	3	32 »	3	3 5/9	2	39 1/9	3	42 2/3	3
129	250 5/6	4	28 2/3	3	32 1/4	3	35 5/6	3	391 1/6	4	43 »	3
130	252 7/9	4	2 8/9	2	3 1/4	2	36 1/9	3	397 2/9	4	4 1/3	2
131	2547 2/9	5	29 1/9	3	32 3/4	3	363 8/9	4	4002 7/9	5	43 2/3	3
132	25 2/3	3	29 1/3	3	33 »	3	3 2/3	2	40 1/3	3	44 »	3
133	2586 1/9	5	29 5/9	3	33 1/4	3	369 4/9	4	4063 8/9	5	44 1/3	3
134	260 5/9	4	29 7/9	3	33 1/2	3	37 2/9	3	409 4/9	4	44 2/3	3
135	26 1/4	3	3 »	2	33 3/4	3	3 3/4	2	41 1/4	3	45 »	3
136	26 4/9	3	30 2/9	3	34 »	3	3 7/9	2	41 5/9	3	45 1/3	3
137	2663 8/9	5	30 4/9	3	34 1/4	3	380 5/9	4	4186 1/9	5	45 2/3	3
138	26 5/6	3	30 2/3	3	34 1/2	3	3 5/6	2	42 1/6	3	46 »	3
139	2702 7/9	5	30 8/9	3	34 3/4	3	386 1/9	4	4247 2/9	5	46 1/3	3
140	27 2/9	3	3 1/9	2	3 1/2	2	3 8/9	2	42 7/9	3	4 2/3	2
141	274 1/6	4	31 1/3	3	35 1/4	3	39 1/6	3	430 5/6	4	47 »	3
142	276 1/9	4	31 5/9	3	35 1/2	3	39 4/9	3	433 8/9	4	47 1/3	3
143	2780 5/9	5	31 7/9	3	35 3/4	3	397 2/9	4	4369 4/9	5	47 2/3	3
144	28 »	3	32 »	3	36 »	3	4 »	2	44 »	3	48 »	3
145	2819 4/9	5	3 2/9	2	36 1/4	3	402 7/9	4	4430 5/9	5	48 1/3	3
146	283 8/9	4	32 4/9	3	36 1/2	3	40 5/9	3	446 1/9	4	48 2/3	3
147	285 5/6	4	32 2/3	3	36 3/4	3	40 5/6	3	449 1/6	4	49 »	3
148	28 7/9	3	32 8/9	3	37 »	3	4 1/9	2	45 2/9	3	49 1/3	3
149	2897 2/9	5	33 1/3	3	37 1/4	3	413 8/9	4	4552 7/9	5	49 2/3	3
150	29 1/6	3	3 1/3	2	3 3/4	3	4 1/6	2	45 5/6	3	5 »	2

5 mois.

NOTA : Lorsqu'il y aura des centimes à la somme, on retranchera deux chiffres de plus que ceux indiqués.

TAUX D'INTÉRÊTS.

Nombre de jours.	1 p. %o.	Chiffres à retrancher.	2 p. %o.	Chiffres à retrancher.	3 p. %o.	Chiffres à retrancher.	4 p. %o.	Chiffres à retrancher.	5 p. %o.	Chiffres à retrancher.	6 p. %o.	Chiffres à retrancher.
151	419 4/9	5	83 8/9	4	125 5/6	4	16 7/9	3	2097 2/9	5	25 1/6	3
152	4 2/9	3	8 4/9	3	12 2/3	3	16 8/9	3	2 1/9	2	25 1/3	3
153	4 1/4	3	8 1/2	3	12 3/4	3	17 »	3	21 1/4	3	25 1/2	3
154	42 7/9	4	8 5/9	3	12 5/6	3	17 1/9	3	213 8/9	4	25 2/3	3
155	430 5/9	5	86 1/9	4	129 1/6	4	17 2/9	3	2152 7/9	5	25 5/6	3
156	4 1/3	3	8 2/3	3	13 »	3	17 1/3	3	2 1/6	2	26 »	3
157	436 1/9	5	87 2/9	4	130 5/6	4	17 4/9	3	2180 5/9	5	26 1/6	3
158	43 8/9	4	8 7/9	3	13 1/6	3	17 5/9	3	219 4/9	4	26 1/3	3
159	44 1/6	4	8 5/6	3	13 1/4	3	17 2/3	3	220 5/6	4	26 1/2	3
160	» 4/9	2	» 8/9	2	1 1/3	2	1 7/9	2	2 2/9	2	2 2/3	2
161	447 2/9	5	89 4/3	4	134 1/6	4	17 8/9	3	2236 1/9	5	26 5/6	3
162	4 1/2	3	9	3	13 1/2	3	18 »	3	2 1/4	2	27 »	3
163	452 7/9	5	90 5/9	4	135 5/6	4	18 1/9	3	2263 8/9	5	27 1/6	3
164	4 5/9	3	9 1/9	3	13 2/3	3	18 2/9	3	22 7/9	3	27 1/3	3
165	45 5/6	4	9 1/6	3	13 3/4	3	18 1/3	3	229 1/6	4	2 3/4	2
166	46 1/9	4	9 2/9	3	13 5/6	3	18 4/9	3	230 5/9	4	27 2/3	3
167	463 8/9	5	92 7/9	4	139 1/6	4	18 5/9	3	2319 4/9	5	27 5/6	3
168	4 2/3	3	9 1/3	3	14 »	3	18 2/3	3	2 1/3	2	28 »	3
169	469 4/9	5	93 8/9	4	140 5/6	4	18 7/9	3	2347 2/9	5	28 1/6	3
170	47 2/9	4	9 4/9	3	14 1/6	3	1 8/9	2	236 1/9	4	2 5/6	2
171	4 3/4	3	9 1/2	3	14 1/4	3	19 »	3	23 3/4	3	28 1/2	3
172	4 7/9	3	9 5/9	3	14 1/3	3	19 1/9	3	23 8/9	3	28 2/3	3
173	480 5/9	5	96 1/9	4	144 1/6	4	19 2/9	3	2402 7/9	5	28 5/6	3
174	4 5/6	3	9 2/3	3	14 1/2	3	19 1/3	3	24 1/6	3	29 »	3
175	486 1/9	5	97 2/9	4	145 5/6	4	19 4/9	3	2430 5/9	5	29 1/6	3
176	4 8/9	3	9 7/9	3	14 2/3	3	19 5/9	3	2 4/9	2	29 1/3	3
177	49 1/6	4	9 5/6	3	14 3/4	3	19 2/3	3	245 5/6	4	29 1/2	3
178	49 4/9	4	9 8/9	3	14 5/6	3	19 7/9	3	247 2/9	4	29 2/3	3
179	497 2/9	5	99 4/9	4	149 1/6	4	19 8/9	3	2486 1/9	5	29 5/6	3
180	» 1/2	2	1 »	2	1 1/2	2	2 »	2	2 1/2	2	3 »	2

6 mois.

NOTA : Lorsqu'il y aura des centimes à la somme, on retranchera deux chiffres de plus que ceux indiqués.

TAUX D'INTÉRÊTS.

Nombre de jours	7 p. %	Chiffres à retrancher	8 p. %	Chiffres à retrancher	9 p. %	Chiffres à retrancher	10 p. %	Chiffres à retrancher	11 p. %	Chiffres à retrancher	12 p. %	Chiffres à retrancher
151	2936 1/9	5	33 5/9	3	37 3/4	3	419 4/9	4	4613 8/9	5	50 1/3	3
152	29 5/9	3	33 7/9	3	38 »	3	4 2/9	2	46 4/9	3	50 2/3	3
153	29 3/4	3	34 »	3	38 1/4	3	4 1/4	2	46 3/4	3	51 »	3
154	299 4/9	4	34 2/9	3	38 1/2	3	42 7/9	3	470 5/9	4	51 1/3	3
155	3013 8/9	5	3 4/9	2	38 3/4	3	430 5/9	4	4736 1/9	5	5 1/6	2
156	30 1/3	3	34 2/3	3	39 »	3	4 1/3	2	47 2/3	3	52 »	3
157	3052 7/9	5	34 8/9	3	39 1/4	3	436 1/9	4	4797 2/9	5	52 1/3	3
158	307 2/9	4	35 1/9	3	39 1/2	3	43 8/9	3	482 7/9	4	52 2/3	3
159	309 1/6	4	35 1/3	3	39 3/4	3	44 1/6	3	485 5/6	4	53 »	3
160	3 1/9	2	3 5/9	2	4 »	2	4 4/9	2	4 8/9	2	5 1/3	2
161	3130 5/9	5	35 7/9	3	40 1/4	3	447 2/9	4	4919 4/9	5	53 2/3	3
162	31 1/2	3	36 »	3	40 1/2	3	4 1/2	2	49 1/2	3	54 »	3
163	3169 4/9	5	36 2/9	3	40 3/4	3	452 7/9	4	4980 5/9	5	54 1/3	3
164	31 8/9	3	36 4/9	3	41 »	3	4 5/9	2	50 1/9	3	54 2/3	3
165	320 5/6	4	3 2/3	2	41 1/4	3	45 5/6	3	504 1/6	4	55 »	3
166	322 7/9	4	36 8/9	3	41 1/2	3	46 1/9	3	507 2/9	4	55 1/3	3
167	3247 2/9	5	37 1/9	3	41 3/4	3	463 8/9	4	5102 7/9	5	55 2/3	3
168	32 2/3	3	37 1/3	3	42 »	3	4 2/3	2	51 1/3	3	56 »	3
169	3286 1/9	5	37 5/9	3	42 1/4	3	469 4/9	4	5163 8/9	5	56 1/3	3
170	330 5/9	4	3 7/9	2	4 1/4	2	47 2/9	3	519 4/9	4	5 2/3	2
171	33 1/4	3	38 »	3	42 3/4	3	4 3/4	2	52 1/4	3	57 »	3
172	33 4/9	3	38 2/9	3	43 »	3	4 7/9	2	52 5/9	3	57 1/3	3
173	3363 8/9	5	38 4/9	3	43 1/4	3	480 5/9	4	5286 1/9	5	57 2/3	3
174	33 5/6	3	38 2/3	3	43 1/2	3	4 5/6	2	53 1/6	3	58 »	3
175	3402 7/9	5	3 8/9	2	43 3/4	3	486 1/9	4	5347 2/9	5	58 1/3	3
176	34 2/9	3	39 1/9	3	44 »	3	4 8/9	2	53 7/9	3	58 2/3	3
177	344 1/6	4	39 1/3	3	44 1/4	3	49 1/6	3	540 5/6	4	59 »	3
178	346 1/9	4	39 5/9	3	44 1/2	3	49 4/9	3	543 8/9	4	59 1/3	3
179	3480 5/9	5	39 7/9	3	44 3/4	3	497 2/9	4	5469 4/9	5	59 2/3	3
180	3 1/2	2	4 »	2	4 1/2	2	5 »	2	5 1/2	2	6 »	2
6 mois.												

NOTA : Lorsqu'il y aura des centimes à la somme, on retranchera deux chiffres de plus que ceux indiqués.

TAUX D'INTÉRÊTS.

Nombre de jours.	1 p. %.	Chiffres à retrancher.	2 p. %.	Chiffres à retrancher.	3 p. %.	Chiffres à retrancher.	4 p. %.	Chiffres à retrancher.	5 p. %.	Chiffres à retrancher.	6 p. %.	Chiffres à retrancher.
181	502 7/9	5	100 5/9	4	150 5/6	4	20 1/9	3	2513 8/9	5	30 1/6	3
182	50 5/9	4	10 1/9	3	15 1/6	3	20 2/9	3	252 7/9	4	30 1/3	3
183	50 5/6	4	10 1/6	3	15 1/4	3	20 1/3	3	254 1/6	4	30 1/2	3
184	5 1/9	3	10 2/9	3	15 1/3	3	20 4/9	3	2 5/9	2	30 2/3	3
185	513 8/9	5	102 7/9	4	154 1/6	4	20 5/9	3	2569 4/9	5	30 5/6	3
186	5 1/6	3	10 1/3	3	15 1/2	3	20 2/3	3	25 5/6	3	31 »	3
187	519 4/9	5	103 8/9	4	155 5/6	4	20 7/9	3	2597 2/9	5	31 1/6	3
188	5 2/9	3	10 4/9	3	15 2/3	3	20 8/9	3	26 1/9	3	31 1/3	3
189	5 1/4	3	10 1/2	3	15 3/4	3	21 »	3	26 1/4	3	31 1/2	3
190	52 7/9	4	10 5/9	3	15 5/6	3	2 1/9	2	263 8/9	4	3 1/6	2
191	530 5/9	5	106 1/9	4	159 1/6	4	21 2/9	3	2652 7/9	5	31 5/6	3
192	5 1/3	3	10 2/3	3	16 »	3	21 1/3	3	2 2/3	2	32 »	3
193	536 1/9	5	107 2/9	4	160 5/6	4	21 4/9	3	2680 5/9	5	32 1/6	3
194	53 8/9	4	10 7/9	3	16 1/6	3	21 5/9	3	269 4/9	4	32 1/3	3
195	54 1/6	4	10 5/6	3	16 1/4	3	21 2/3	3	270 5/6	4	3 1/4	2
196	5 4/9	3	10 8/9	3	16 1/3	3	21 7/9	3	27 2/9	3	32 2/3	3
197	547 2/9	5	109 4/9	4	164 1/6	4	21 8/9	3	2736 1/9	5	32 5/6	3
198	5 1/2	3	11 »	3	16 1/2	3	22 »	3	27 1/2	3	33 »	3
199	552 7/9	5	110 5/9	4	165 5/6	4	22 1/9	3	2763 8/9	5	33 1/6	3
200	» 5/9	2	1 1/9	2	1 2/3	2	2 2/9	2	2 7/9	2	3 1/3	2
201	55 5/6	4	11 1/6	3	16 3/4	3	22 1/3	3	279 1/6	4	33 1/2	3
202	56 1/9	4	11 2/9	3	16 5/6	3	22 4/9	3	280 5/9	4	33 2/3	3
203	563 8/9	5	112 7/9	4	169 1/6	4	22 5/9	3	2819 4/9	5	33 5/6	3
204	5 2/3	3	11 1/3	3	17 »	3	22 2/3	3	2 5/6	2	34 »	3
205	569 4/9	5	113 8/9	4	170 5/6	4	22 7/9	3	2847 2/9	5	34 1/6	3
206	57 2/9	4	11 4/9	3	17 1/6	3.	22 8/9	3	286 1/9	4	34 1/3	3
207	5 3/4	3	11 1/2	3	17 1/4	3	23 »	3	28 3/4	3	34 1/2	3
208	5 7/9	3	11 5/9	3	17 1/3	3	23 1/9	3	2 8/9	2	34 2/3	3
209	580 5/9	5	116 1/9	4	174 1/6	4	23 2/9	3	2902 7/9	5	34 5/6	3
210	5 5/6	3	1 1/6	2	1 3/4	2	2 1/3	2	29 1/6	3	3 1/2	2

7 mois.

NOTA : Lorsqu'il y aura des centimes à la somme, on retranchera deux chiffres de plus que ceux indiqués.

TAUX D'INTÉRÊTS.

Nombre de jours	7 p. °/o		8 p. °/o.		9 p. °/o.		10 p. °/o.		11 p. °/o		12 p. °/o.	
1	2	3	2	3	2	3	2	3	2	3	2	3
181	3519 4/9	5	40 2/9	3	45 1/4	3	502 7/9	4	5530 5/9	5	60 1/3	3
182	353 8/9	4	40 4/9	3	45 1/2	3	50 5/9	3	556 1/9	4	60 2/3	3
183	355 5/6	4	40 2/3	3	45 3/4	3	50 5/6	3	559 1/6	4	61 »	3
184	35 7/9	3	40 8/9	3	46 »	3	5 1/9	2	56 2/9	3	61 1/3	3
185	3597 2/9	5	4 1/9	2	46 1/4	3	513 8/9	4	5652 7/9	5	6 1/6	2
186	36 1/6	3	41 1/3	3	46 1/2	3	5 1/6	2	56 5/6	3	62 »	3
187	3636 1/9	5	41 5/9	3	46 3/4	3	519 4/9	4	5713 8/9	5	62 1/3	3
188	36 5/9	3	41 7/9	3	47 »	3	5 2/9	2	57 4/9	3	62 2/3	3
189	36 3/4	3	42 »	3	47 1/4	3	5 1/4	2	57 3/4	3	63 »	3
190	369 4/9	4	4 2/9	2	4 3/4	2	52 7/9	3	580 5/9	4	6 1/3	2
191	3713 8/9	5	42 4/9	3	47 3/4	3	530 5/9	4	5836 1/9	5	63 2/3	3
192	37 1/3	3	42 2/3	3	48 »	3	5 1/3	2	58 2/3	3	64 »	3
193	3752 7/9	5	42 8/9	3	48 1/4	3	536 1/9	4	5897 2/9	5	64 1/3	3
194	377 2/9	4	43 1/9	3	48 1/2	3	53 8/9	3	592 7/9	4	64 2/3	3
195	379 1/6	4	4 1/3	2	48 3/4	3	54 1/6	3	595 5/6	4	65 »	3
196	38 1/9	3	43 5/9	3	49 »	3	5 4/9	2	59 8/9	3	65 1/3	3
197	3830 5/9	5	43 7/9	3	49 1/4	3	547 2/9	4	6019 4/9	5	65 2/3	3
198	38 1/2	3	44 »	3	49 1/2	3	5 1/2	2	60 1/2	3	66 »	3
199	3869 4/9	5	44 2/9	3	49 3/4	3	552 7/9	4	6080 5/9	5	66 1/3	3
200	3 8/9	2	4 4/9	2	5 »	2	5 5/9	2	6 1/9	2	6 2/3	2
201	390 5/6	4	44 2/3	3	50 1/4	3	55 5/6	3	614 1/6	4	67 »	3
202	392 7/9	4	44 8/9	3	50 1/2	3	56 1/9	3	617 2/9	4	67 1/3	3
203	3947 2/9	5	45 1/9	3	50 3/4	3	563 8/9	4	6202 7/9	5	67 2/3	3
204	39 2/3	3	45 1/3	3	51 »	3	5 2/3	2	62 1/3	3	68 »	3
205	3986 1/9	5	4 5/9	2	51 1/4	3	569 4/9	4	6263 8/9	5	68 1/3	3
206	400 5/9	4	45 7/9	3	51 1/2	3	57 2/9	3	629 4/9	4	68 2/3	3
207	40 1/4	3	46 »	3	51 3/4	3	5 3/4	2	63 1/4	3	69 »	3
208	40 4/9	3	46 2/9	3	52 »	3	5 7/9	2	63 5/9	3	69 1/3	3
209	4063 8/9	5	46 4/9	3	52 1/4	3	580 5/9	4	6386 1/9	5	69 2/3	3
210	40 5/6	3	4 2/3	2	5 1/4	2	5 5/6	2	64 1/6	3	7 »	2

7 mois. NOTA : Lorsqu'il y aura des centimes à la somme, on retranchera deux chiffres de plus que ceux indiqués.

TAUX D'INTÉRÊTS.

Nombre de jours.	1 p. %.	Chiffres à retrancher.	2 p. %.	Chiffres à retrancher.	3 p. %.	Chiffres à retrancher.	4 p. %.	Chiffres à retrancher.	5 p. %.	Chiffres à retrancher.	6 p. %.	Chiffres à retrancher.
211	586 1/9	5	117 2/9	4	175 5/6	4	23 4/9	3	2930 5/9	5	35 1/6	3
212	5 8/9	3	11 7/9	3	17 2/3	3	23 5/9	3	29 4/9	3	35 1/3	3
213	59 1/6	4	11 5/6	3	17 3/4	3	23 2/3	3	295 5/6	4	35 1/2	3
214	59 4/9	4	11 8/9	3	17 5/6	3	23 7/9	3	297 2/9	4	35 2/3	3
215	597 2/9	5	119 4/9	4	179 1/6	4	23 8/9	3	2986 1/9	5	35 5/6	3
216	6 »	3	12 »	3	18 »	3	24 »	3	3 »	2	36 »	3
217	602 7/9	5	120 5/9	4	180 5/6	4	24 1/9	3	3013 8/9	5	36 1/6	3
218	60 5/9	4	12 1/9	3	18 1/6	3	24 2/9	3	302 7/9	4	36 1/3	3
219	60 5/6	4	12 1/6	3	18 1/4	3	24 1/3	3	304 1/6	4	36 1/2	3
220	6 1/9	3	1 2/9	2	1 5/6	2	2 4/9	2	30 5/9	3	3 2/3	2
221	613 8/9	5	122 7/9	4	184 1/6	4	24 5/9	3	3069 4/9	5	36 5/6	3
222	6 1/6	3	12 1/3	3	18 1/2	3	24 2/3	3	30 5/6	3	37 »	3
223	619 4/9	5	123 8/9	4	185 5/6	4	24 7/9	3	3097 2/9	5	37 1/6	3
224	6 2/9	3	12 4/9	3	18 2/3	3	24 8/9	3	3 1/9	2	37 1/3	3
225	6 1/4	3	12 1/2	3	18 3/4	3	2 1/2	2	31 1/4	3	3 3/4	2
226	62 7/9	4	12 5/9	3	18 5/6	3	25 1/9	3	313 8/9	4	37 2/3	3
227	630 5/9	5	126 1/9	4	189 1/6	4	25 2/9	3	3152 7/9	5	37 5/6	3
228	6 1/3	3	12 2/3	3	19 »	3	25 1/3	3	3 1/6	2	38 »	3
229	636 1/9	5	127 2/9	4	190 5/6	4	25 4/9	3	3180 5/9	5	38 1/6	3
230	63 8/9	4	12 7/9	3	19 1/6	3	2 5/9	2	319 4/9	4	3 5/6	2
231	64 1/6	4	12 5/6	3	19 1/4	3	25 2/3	3	320 5/6	4	38 1/2	3
232	6 4/9	3	12 8/9	3	19 1/3	3	25 7/9	3	3 2/9	2	38 2/3	3
233	647 2/9	5	129 4/9	4	194 1/6	4	25 8/9	3	3236 1/9	5	38 5/6	3
234	6 1/2	3	13 »	3	19 1/2	3	26 »	3	3 1/4	2	39 »	3
235	652 7/9	5	130 5/9	4	195 5/6	4	26 1/9	3	3263 8/9	5	39 1/6	3
236	6 5/9	3	13 1/9	3	19 2/3	3	26 2/9	3	32 7/9	3	39 1/3	3
237	65 5/6	4	13 1/6	3	19 3/4	3	26 1/3	3	329 1/6	4	39 1/2	3
238	66 1/9	4	13 2/9	3	19 5/6	3	26 4/9	3	330 5/9	4	39 2/3	3
239	663 8/9	5	132 7/9	4	199 1/6	4	26 5/9	3	3319 4/9	5	39 5/6	3
240	» 2/3	2	1 1/3	2	2 »	2	2 2/3	2	3 1/3	2	4 »	2

8 mois.

NOTA : Lorsqu'il y aura des centimes à la somme, on retranchera deux chiffres de plus que ceux indiqués.

Nombre de jours.	TAUX D'INTÉRÊTS.																
	7		Chiffres à retrancher.	**8**		Chiffres à retrancher.	**9**		Chiffres à retrancher.	**10**		Chiffres à retrancher.	**11**		Chiffres à retrancher.	**12**		Chiffres à retrancher.
	p. %			p. %			p. %			p. %			p. %			p. %		
211	4102	7/9	5	46	8/9	3	52	3/4	3	586	1/9	4	6447	2/9	5	70	1/3	3
212	41	2/9	3	47	1/9	3	53	»	3	5	8/9	2	64	7/9	3	70	2/3	3
213	414	1/6	4	47	1/3	3	53	1/4	3	59	1/6	3	650	5/6	4	71	»	3
214	416	1/9	4	47	5/9	3	53	1/2	3	59	4/9	3	653	8/9	4	71	1/3	3
215	4180	5/9	5	4	7/9	2	53	3/4	3	597	2/9	4	6569	4/9	5	7	1/6	2
216	42	»	3	48	»	3	54	»	3	6	»	2	66	»	3	72	»	3
217	4219	4/9	5	48	2/9	3	54	1/4	3	602	7/9	4	6630	5/9	5	72	1/3	3
218	423	8/9	4	48	4/9	3	54	1/2	3	60	5/9	3	666	1/9	4	72	2/3	3
219	425	5/6	4	48	2/3	3	54	3/4	3	60	5/6	3	669	1/6	4	73	»	3
220	42	7/9	3	4	8/9	2	5	1/2	2	6	1/9	2	67	2/9	3	7	1/3	2
221	4297	2/9	5	49	1/9	3	55	1/4	3	613	8/9	4	6752	7/9	5	73	2/3	3
222	43	1/6	3	49	1/3	3	55	1/2	3	6	1/6	2	67	5/6	3	74	»	3
223	4336	1/9	5	49	5/9	3	55	3/4	3	619	4/9	4	6813	8/9	5	74	1/3	3
224	43	5/9	3	49	7/9	3	56	»	3	6	2/9	2	68	4/9	3	74	2/3	3
225	43	3/4	3	50	»	3	56	1/4	3	6	3/4	2	68	3/4	3	75	»	3
226	439	4/9	4	50	2/9	3	56	1/2	3	62	7/9	3	690	5/9	4	75	1/3	3
227	4413	8/9	5	60	4/9	3	56	3/4	3	630	5/9	4	6936	1/9	5	75	2/3	3
228	44	1/3	3	50	2/3	3	57	»	3	6	1/3	2	69	2/3	3	76	»	3
229	4452	7/9	5	50	8/9	3	57	1/4	3	636	1/9	4	6997	2/9	5	76	1/3	3
230	447	2/9	4	5	1/9	2	5	3/4	2	62	8/9	3	702	7/9	4	7	2/3	2
231	449	1/6	4	51	1/3	3	57	3/4	3	64	1/6	3	705	5/6	4	77	»	3
232	45	1/9	3	51	5/9	3	58	»	3	6	4/9	2	70	8/9	3	77	1/3	3
233	4530	5/9	5	51	7/9	3	58	1/4	3	647	2/9	4	7119	1/9	5	77	2/3	3
234	45	1/2	3	52	»	3	58	1/2	3	6	1/2	2	71	1/2	3	78	»	3
235	4569	4/9	5	5	2/9	2	58	3/4	3	652	7/9	4	7180	5/9	5	78	1/3	3
236	45	8/9	3	52	4/9	3	59	»	3	6	5/9	2	72	1/9	3	78	2/3	3
237	460	5/6	4	52	2/3	3	59	1/4	3	65	5/6	3	724	1/6	4	79	»	3
238	462	7/9	4	52	8/9	3	59	1/2	3	66	1/9	3	727	2/9	4	79	1/3	3
239	4647	2/9	5	53	1/9	3	59	3/4	3	663	8/9	4	7302	7/9	5	79	2/3	3
240	4	2/3	2	5	1/3	2	6	»	2	6	2/3	2	7	1/3	2	8	»	2

8 mois.

NOTA : Lorsqu'il y aura des centimes à la somme, on retranchera deux chiffres de plus que ceux indiqués.

TAUX D'INTÉRÊTS.

Nombre de jours.	1 p. %.	Chiffres à retrancher.	2 p. %.	Chiffres à retrancher.	3 p. %.	Chiffres à retrancher.	4 p. %.	Chiffres à retrancher.	5 p. %	Chiffres à retrancher.	6 p. %.	Chiffres à retrancher.
241	669 4/9	5	133 8/9	4	200 5/6	4	26 7/9	3	3347 2/9	5	40 1/6	3
242	67 2/9	4	13 4/9	3	20 1/6	3	26 8/9	3	336 1/9	4	40 1/3	3
243	6 3/4	3	13 1/2	3	20 1/4	3	27 »	3	33 3/4	3	40 1/2	3
244	6 7/9	3	13 5/9	3	20 1/3	3	27 1/9	3	33 8/9	3	40 2/3	3
245	680 5/9	5	136 1/9	4	204 1/6	4	27 2/9	3	3402 7/9	5	40 5/6	3
246	6 5/6	3	13 2/3	3	20 1/2	3	27 1/3	3	34 1/6	3	41 »	3
247	686 1/9	5	137 2/9	4	205 5/6	4	27 4/9	3	3430 5/9	5	41 1/6	3
248	6 8/9	3	13 7/9	3	20 2/3	3	27 5/9	3	3 4/9	2	41 1/3	3
249	69 1/6	4	13 5/6	3	20 3/4	3	27 2/3	3	345 5/6	4	41 1/2	3
250	69 4/9	4	13 8/9	3	20 5/6	3	2 7/9	2	347 2/9	4	4 1/6	2
251	697 2/9	5	139 4/9	4	209 1/6	4	27 8/9	3	3486 1/9	5	41 5/6	3
252	7 »	3	14 »	3	21 »	3	28 »	3	3 1/2	2	42 »	3
253	702 7/9	5	140 5/9	4	210 5/6	4	28 1/9	3	3513 8/9	5	42 1/6	3
254	70 5/9	4	14 1/9	3	21 1/6	3	28 2/9	3	352 7/9	4	42 1/3	3
255	70 5/6	4	14 1/6	3	21 1/4	3	28 1/3	3	354 1/6	4	4 1/4	2
256	7 1/9	3	14 2/9	3	21 1/3	3	28 4/9	3	3 5/9	2	42 2/3	3
257	713 8/9	5	142 7/9	4	214 1/6	4	28 5/9	3	3569 4/9	5	42 5/6	3
258	7 1/6	3	14 1/3	3	21 1/2	3	28 2/3	3	35 5/6	3	43 »	3
259	719 4/9	5	143 8/9	4	215 5/6	4	28 7/9	3	3597 2/9	5	43 1/6	3
260	7 2/9	3	1 4/9	2	2 1/6	2	2 8/9	2	36 1/9	3	4 1/3	2
261	7 1/4	3	14 1/2	3	21 3/4	3	29 »	3	36 1/4	3	43 1/2	3
262	72 7/9	4	14 5/9	3	21 5/6	3	29 1/9	3	363 8/9	4	43 2/3	3
263	730 5/9	5	146 1/9	4	219 1/6	4	29 2/9	3	3652 7/9	5	43 5/6	3
264	7 1/3	3	14 2/3	3	22 »	3	29 1/3	3	3 2/3	2	44 »	3
265	736 1/9	5	147 2/9	4	220 5/6	4	29 4/9	3	3680 5/9	5	44 1/6	3
266	73 8/9	4	14 7/9	3	22 1/6	3	29 5/9	3	369 4/9	4	44 1/3	3
267	74 1/6	4	14 5/6	3	22 1/4	3	29 2/3	3	370 5/6	4	44 1/2	3
268	7 4/9	3	14 8/9	3	22 1/3	3	29 7/9	3	37 2/9	3	44 2/3	3
269	747 2/9	5	149 4/9	4	224 1/6	4	29 8/9	3	3736 1/9	5	44 5/6	3
270	7 1/2	3	1 1/2	2	2 1/4	2	3 »	2	37 1/2	3	4 1/2	2

9 mois.

NOTA : Lorsqu'il y aura des centimes à la somme, on retranchera deux chiffres de plus que ceux indiqués.

TAUX D'INTÉRÊTS.

Nombre de jours.	7 p. %.	Chiffres à retrancher.	8 p. %.	Chiffres à retrancher.	9 p. %.	Chiffres à retrancher.	10 p. %.	Chiffres à retrancher.	11 p. %.	Chiffres à retrancher.	12 p. %.	Chiffres à retrancher.
241	4686 1/9	5	53 5/9	3	60 1/4	3	669 4/9	4	7363 8/9	5	80 1/3	3
242	470 5/9	4	53 7/9	3	60 1/2	3	67 2/9	3	739 4/9	4	80 2/3	3
243	47 1/4	3	54 »	3	60 3/4	3	6 3/4	2	74 1/4	3	81 »	3
244	47 4/9	3	54 2/9	3	61 »	3	6 7/9	2	74 5/9	3	81 1/3	3
245	4763 8/9	5	5 4/9	2	61 1/4	3	680 5/9	4	7486 1/9	5	8 1/6	2
246	47 5/6	3	54 2/3	3	61 1/2	3	6 5/6	2	75 1/6	3	82 »	3
247	4802 7/9	5	54 8/9	3	61 3/4	3	686 1/9	4	7547 2/9	5	82 1/3	3
248	48 2/9	3	55 1/9	3	62 »	3	6 8/9	2	75 7/9	3	82 2/3	3
249	484 1/6	4	55 1/3	3	62 1/4	3	69 1/6	3	760 5/6	4	83 »	3
250	486 1/9	4	5 5/9	2	6 1/4	2	69 4/9	3	763 8/9	4	8 1/3	2
251	4880 5/9	5	55 7/9	3	62 3/4	3	697 2/9	4	7669 4/9	5	83 2/3	3
252	49 »	3	56 »	3	63 »	3	7 »	2	77 »	3	84 »	3
253	4919 4/9	5	56 2/9	3	63 1/4	3	702 7/9	4	7730 5/9	5	84 1/3	3
254	493 8/9	4	56 4/9	3	63 1/2	3	70 5/9	3	776 1/9	4	84 2/3	3
255	495 5/6	4	5 2/3	2	63 3/4	3	70 5/6	3	779 1/6	4	85 »	3
256	49 7/9	3	56 8/9	3	64 »	3	7 1/9	2	78 2/9	3	85 1/3	3
257	4997 2/9	5	57 1/9	3	64 1/4	3	713 8/9	4	7852 7/9	5	85 2/3	3
258	50 1/6	3	57 1/3	3	64 1/2	3	7 1/6	2	78 5/6	3	86 »	3
259	5036 1/9	5	57 5/9	3	64 3/4	3	719 4/9	4	7913 8/9	5	86 1/3	3
260	50 5/9	3	5 7/9	2	6 1/2	2	7 2/9	2	79 4/9	3	8 2/3	2
261	50 3/4	3	58 »	3	65 1/4	3	7 1/4	2	79 3/4	3	87 »	3
262	509 4/9	4	58 2/9	3	65 1/2	3	72 7/9	3	800 5/9	4	87 1/3	3
263	5113 8/9	5	58 4/9	3	65 3/4	3	730 5/9	4	8036 1/9	5	87 2/3	3
264	51 1/3	3	58 2/3	3	66 »	3	7 1/3	2	80 2/3	3	88 »	3
265	5152 7/9	5	5 8/9	2	66 1/4	3	736 1/9	4	8097 2/9	5	88 1/3	3
266	517 2/9	4	59 1/9	3	66 1/2	3	73 8/9	3	812 7/9	4	88 2/3	3
267	519 1/6	4	59 1/3	3	66 3/4	3	74 1/6	3	815 5/6	4	89 »	3
268	52 1/9	3	59 5/9	3	67 »	3	7 4/9	2	81 8/9	3	89 1/3	3
269	5230 5/9	5	59 7/9	3	67 1/4	3	747 2/9	4	8219 4/9	5	89 2/3	3
270	52 1/2	3	6 »	2	6 3/4	2	7 1/2	2	8 1/4	2	9 »	2

9 mois.

NOTA : Lorsqu'il y aura des centimes à la somme, on retranchera deux chiffres de plus que ceux indiqués.

Nombre de jours.	**1** p. %.		Chiffres à retrancher.	**2** p. %.		Chiffres à retrancher.	**3** p. %.		Chiffres à retrancher.	**4** p. %.		Chiffres à retrancher.	**5** p. %.		Chiffres à retrancher.	**6** p. %.		Chiffres à retrancher.
271	752	7/9	5	150	5/9	4	225	5/6	4	30	1/9	3	3763	8/9	5	45	1/6	3
272	7	5/9	3	15	1/9	3	22	2/3	3	30	2/9	3	3	7/9	2	45	1/3	3
273	75	5/6	4	15	1/6	3	22	3/4	3	30	1/3	3	379	1/6	4	45	1/2	3
274	76	1/9	4	15	2/9	3	22	5/6	3	30	4/9	3	380	5/9	4	45	2/3	3
275	763	8/9	5	152	7/9	4	229	1/6	4	30	5/9	3	3819	4/9	5	45	5/6	3
276	7	2/3	3	15	1/3	3	23	»	3	30	2/3	3	3	5/6	2	46	»	3
277	769	4/9	5	153	8/9	4	230	5/6	4	30	7/9	3	3847	2/9	5	46	1/6	3
278	77	2/9	4	15	4/9	3	23	1/6	3	30	8/9	3	386	1/9	4	46	1/3	3
279	7	3/4	3	15	1/2	3	23	1/4	3	31	»	3	38	3/4	3	46	1/2	3
280	»	7/9	2	1	5/9	2	2	1/3	2	3	1/9	2	3	8/9	2	4	2/3	2
281	780	5/9	5	156	1/9	4	234	1/6	4	31	2/9	3	3902	7/9	5	46	5/6	3
282	7	5/6	3	15	2/3	3	23	1/2	3	31	1/3	3	39	1/6	3	47	»	3
283	786	1/9	5	157	7/9	4	235	5/6	4	31	4/9	3	3930	5/9	5	47	1/6	3
284	7	8/9	3	15	7/9	3	23	2/3	3	31	5/9	3	39	4/9	3	47	1/3	3
285	79	1/6	4	15	5/6	3	23	3/4	3	31	2/3	3	395	5/6	4	4	3/4	2
286	79	4/9	4	15	8/9	3	23	5/6	3	31	7/9	3	397	2/9	4	47	2/3	3
287	797	2/9	5	159	4/9	4	239	1/6	4	31	8/9	3	3986	1/9	5	47	5/6	3
288	8	»	3	16	»	3	24	»	3	32	»	3	4	»	2	48	»	3
289	802	7/9	5	160	5/9	4	240	5/6	4	32	1/9	3	4013	8/9	5	48	1/6	3
290	80	5/9	4	16	1/9	3	24	1/6	3	3	2/9	2	402	7/9	4	4	5/6	2
291	80	5/6	4	16	1/6	3	24	1/4	3	32	1/3	3	404	1/6	4	48	1/2	3
292	8	1/9	3	16	2/9	3	24	1/3	3	32	4/9	3	40	5/9	3	48	2/3	3
293	813	8/9	5	162	7/9	4	244	1/6	4	32	5/9	3	4069	4/9	5	48	5/6	3
294	8	1/6	3	16	1/3	3	24	1/2	3	32	2/3	3	40	5/6	3	49	»	3
295	819	4/9	5	163	8/9	4	245	5/6	4	32	7/9	3	4097	2/9	5	49	1/6	3
296	8	2/9	3	16	4/9	3	24	2/3	3.	32	8/9	3	4	1/9	2	49	1/3	3
297	8	1/4	3	16	1/2	3	24	3/4	3	33	»	3	41	1/4	3	49	1/2	3
298	82	7/9	4	16	5/9	3	24	5/6	3	33	1/9	3	413	8/9	4	49	2/3	3
299	830	5/9	5	166	1/9	4	249	1/6	4	33	2/9	3	4152	7/9	5	49	5/6	3
300	8	1/3	3	1	2/3	2	2	1/2	2	3	1/3	2	4	1/6	2	5	»	2

10 mois. NOTA : Lorsqu'il y aura des centimes à la somme, on retranchera deux chiffres de plus que ceux indiqués.

TAUX D'INTÉRÊTS.

Nombre de jours.	7 p. %.	Chiffres à retrancher.	8 p. %.	Chiffres à retrancher.	9 p. %.	Chiffres à retrancher.	10 p. %.	Chiffres à retrancher.	11 p. %.	Chiffres à retrancher.	12 p. %.	Chiffres à retrancher.
1	2	3	2	3	2	3	2	3	2	3	2	3
271	5269 4/9	5	60 2/9	3	67 3/4	3	752 7/9	4	8280 5/9	5	90 1/3	3
272	52 8/9	3	60 4/9	3	68 »	3	7 5/9	2	83 1/9	3	90 2/3	3
273	530 5/6	4	60 2/3	3	68 1/4	3	75 5/6	3	834 1/6	4	91 »	3
274	532 7/9	4	60 8/9	3	68 1/2	3	76 1/9	3	837 2/9	4	91 1/3	3
275	5347 2/9	5	6 1/9	2	68 3/4	3	763 8/9	4	8402 7/9	5	9 1/6	2
276	53 2/3	3	61 1/3	3	69 »	3	7 2/3	2	84 1/3	3	92 »	3
277	5386 1/9	5	61 5/9	3	69 1/4	3	769 4/9	4	8463 8/9	5	92 1/3	3
278	540 5/9	4	61 7/9	3	69 1/2	3	77 2/9	3	849 4/9	4	92 2/3	3
279	54 1/4	3	62 »	3	69 3/4	3	7 3/4	2	85 1/4	3	93 »	3
280	5 4/9	2	6 2/9	2	7 »	2	7 7/9	2	8 5/9	2	9 1/3	2
281	5463 8/9	5	62 4/9	3	70 1/4	3	780 5/9	4	8586 1/9	5	93 2/3	3
282	54 5/6	3	62 2/3	3	70 1/2	3	7 5/6	2	86 1/6	3	94 »	3
283	5502 7/9	5	62 8/9	3	70 3/4	3	786 1/9	4	8647 2/9	5	94 1/3	3
284	55 2/9	3	63 1/9	3	71 »	3	7 8/9	2	86 7/9	3	94 2/3	3
285	554 1/6	4	6 1/3	2	71 1/4	3	79 1/6	3	870 5/6	4	95 »	3
286	556 1/9	4	63 5/9	3	71 1/2	3	79 4/9	3	873 8/9	4	95 1/3	3
287	5580 5/9	5	63 7/9	3	71 3/4	3	797 2/9	4	8769 4/9	5	95 2/3	3
288	56 »	3	64 »	3	72 »	3	8 »	2	88 »	3	96 »	3
289	5619 4/9	5	64 2/9	3	72 1/4	3	802 7/9	4	8830 5/9	5	96 1/3	3
290	563 8/9	4	6 4/9	2	7 1/4	2	80 5/9	3	886 1/9	4	9 2/3	2
291	565 5/6	4	64 2/3	3	72 3/4	3	80 5/6	3	889 1/6	4	97 »	3
292	56 7/9	3	64 8/9	3	73 »	3	8 1/9	2	89 2/9	3	97 1/3	3
293	5697 2/9	5	65 1/9	3	73 1/4	3	813 8/9	4	8952 7/9	5	97 2/3	3
294	57 1/6	3	65 1/3	3	73 1/2	3	8 1/6	2	89 5/6	3	98 »	3
295	5736 1/9	5	6 5/9	2	73 3/4	3	819 4/9	4	9013 8/9	5	98 1/3	3
296	57 5/9	3	65 7/9	3	74 »	3	8 2/9	2	90 4/9	3	98 2/3	3
297	57 3/4	3	66 »	3	74 1/4	3	8 1/4	2	90 3/4	3	99 »	3
298	579 4/9	4	66 2/9	3	74 1/2	3	82 7/9	3	910 5/9	4	99 1/3	3
299	5813 8/9	5	66 4/9	3	74 3/4	3	830 5/9	4	9136 1/9	5	99 2/3	3
300	58 1/3	3	6 2/3	2	7 1/2	2	8 1/3	2	91 2/3	3	10 »	2

10 mois.

NOTA : Lorsqu'il y aura des centimes à la somme, on retranchera deux chiffres de plus que ceux indiqués.

TAUX D'INTÉRÊTS.

Nombre de jours.	1 p. %.	Chiffres à retrancher.	2 p. %.	Chiffres à retrancher.	3 p. %.	Chiffres à retrancher.	4 p. %.	Chiffres à retrancher.	5 p. %.	Chiffres à retrancher.	6 p. %.	Chiffres à retrancher.
301	836 1/9	5	167 2/9	4	250 5/6	4	33 4/9	3	4180 5/9	5	50 1/6	3
302	83 8/9	4	16 7/9	3	25 1/6	3	33 5/9	3	419 4/9	4	50 1/3	3
303	84 1/6	4	16 5/6	3	25 1/4	3	33 2/3	3	420 5/6	4	50 1/2	3
304	8 4/9	3	16 8/9	3	25 1/3	3	33 7/9	3	4 2/9	2	50 2/3	3
305	847 2/9	5	169 4/9	4	254 1/6	4	33 8/9	3	4236 1/9	5	50 5/6	3
306	8 1/2	3	17 »	3	25 1/2	3	34 »	3	4 1/4	2	51 »	3
307	852 7/9	5	170 5/9	4	255 5/6	4	34 1/9	3	4263 8/9	5	51 1/6	3
308	8 5/9	3	17 1/9	3	25 2/3	3	34 2/9	3	42 7/9	3	51 1/3	3
309	85 5/6	4	17 1/6	3	25 3/4	3	34 1/3	3	429 1/6	4	51 1/2	3
310	86 1/9	4	17 2/9	3	25 5/6	3	3 4/9	2	430 5/9	4	5 1/6	2
311	863 8/9	5	172 7/9	4	259 1/6	4.	34 5/9	3	4319 4/9	5	51 5/6	3
312	8 2/3	3	17 1/3	3	26 »	3	34 2/3	3	4 1/3	2	52 »	3
313	869 4/9	5	173 8/9	4	260 5/6	4	34 7/9	3	4347 2/9	5	52 1/6	3
314	87 2/9	4	17 4/9	3	26 1/6	3	34 8/9	3	436 1/9	4	52 1/3	3
315	8 3/4	3	17 1/2	3	26 1/4	3	35 »	3	43 3/4	3	5 1/4	2
316	8 7/9	3	17 5/9	3	26 1/3	3	35 1/9	3	43 8/9	3	52 2/3	3
317	880 5/9	5	176 1/9	4	264 1/6	4	35 2/9	3	4402 7/9	5	52 5/6	3
318	8 5/6	3	17 2/3	3	26 1/2	3	35 1/3	3	44 1/6	3	53 »	3
319	886 1/9	5	177 2/9	4	265 5/6	4	35 4/9	3	4430 5/9	5	53 1/6	3
320	» 8/9	2	1 7/9	2	2 2/3	2	3 5/9	2	4 4/9	2	5 1/3	2
321	89 1/6	4	17 5/6	3	26 3/4	3	35 2/3	3	445 5/6	4	53 1/2	3
322	89 4/9	4	17 8/9	3	26 5/6	3	35 7/9	3	447 2/9	4	53 2/3	3
323	897 2/9	5	179 4/9	4	269 1/6	4	35 8/9	3	4486 1/9	5	53 5/6	3
324	9 »	3	18 »	3	27 »	3	36 »	3	45 »	3	54 »	3
325	902 7/9	5	180 5/9	4	270 5/6	4	36 1/9	3	4513 8/9	5	54 1/6	3
326	90 5/9	4	18 1/9	3	27 1/6	3	36 2/9	3	452 7/9	4	54 1/3	3
327	90 5/6	4	18 1/6	3	27 1/4	3	36 1/3	3	454 1/6	4	54 1/2	3
328	9 1/9	3	18 2/9	3	27 1/3	3	36 4/9	3	4 5/9	2	54 2/3	3
329	913 8/9	5	182 7/9	4	274 1/6	4	36 5/9	3	4569 4/9	5	54 5/6	3
330	9 1/6	3	18 1/3	3	2 3/4	2	3 2/3	2	45 5/6	3	5 1/2	2

11 mois.

NOTA : Lorsqu'il y aura des centimes à la somme, on retranchera deux chiffres de plus que ceux indiqués.

TAUX D'INTÉRÊTS.

	7 p. %		Chiffres à retrancher	8 p. %		Chiffres à retrancher	9 p. %		Chiffres à retrancher	10 p. %		Chiffres à retrancher	11 p. %		Chiffres à retrancher	12 p. %		Chiffres à retrancher
	2		3	2		3	2		3	2		3	2		3	2		3
1	5852	7/9	5	66	8/9	3	75	1/4	3	836	1/9	4	9197	2/9	5	100	1/3	3
2	587	2/9	4	67	1/9	3	75	1/2	3	83	8/9	3	922	7/9	4	100	2/3	3
3	589	1/6	4	67	1/3	3	75	3/4	3	84	1/6	3	925	5/6	4	101	»	3
4	59	1/9	3	67	5/9	3	76	»	3	8	4/9	2	92	8/9	3	101	1/3	3
5	5930	5/9	5	6	7/9	2	76	1/4	3	847	2/9	4	9319	4/9	5	10	1/6	2
6	59	1/2	3	68	»	3	76	1/2	3	8	1/2	2	93	1/2	3	102	»	3
7	5969	4/9	5	68	2/9	3	76	3/4	3	852	7/9	4	9380	5/9	5	102	1/3	3
8	59	8/9	3	68	4/9	3	77	»	3	8	5/9	2	94	1/9	3	102	2/3	3
9	600	5/6	4	68	2/3	3	77	1/4	3	85	5/6	3	944	1/6	4	103	»	3
10	602	7/9	4	6	8/9	2	7	3/4	2	86	1/9	3	947	2/9	4	10	1/3	2
11	6047	2/9	5	69	1/9	3	77	3/4	3	863	8/9	4	9502	7/9	5	103	2/3	3
12	60	2/3	3	69	1/3	3	78	»	3	8	2/3	2	95	1/3	3	104	»	3
13	6086	1/9	5	69	5/9	3	78	1/4	3	869	4/9	4	9563	8/9	5	104	1/3	3
14	610	5/9	4	69	7/9	3	78	1/2	3	87	2/9	3	959	4/9	4	104	2/3	3
15	61	1/4	3	70	»	3	78	3/4	3	8	3/4	2	96	1/4	3	105	»	3
16	61	4/9	3	70	2/9	3	79	»	3	8	7/9	2	96	5/9	3	105	1/3	3
17	6163	8/9	5	70	4/9	3	79	1/4	3	880	5/9	4	9686	1/9	5	105	2/3	3
18	61	5/6	3	70	2/3	3	79	1/2	3	8	5/6	2	97	1/6	3	106	»	3
19	6202	7/9	5	70	8/9	3	79	3/4	3	886	1/9	4	9747	2/9	5	106	1/3	3
20	6	2/9	2	7	1/9	2	8	»	2	8	8/9	2	9	7/9	2	10	2/3	2
21	624	1/6	4	71	1/3	3	80	1/4	3	89	1/6	3	980	5/6	4	107	»	3
22	626	1/9	4	71	5/9	3	80	1/2	3	89	4/9	3	983	8/9	4	107	1/3	3
23	6280	5/9	5	71	7/9	3	80	3/4	3	897	2/9	4	9869	4/9	5	107	2/3	3
24	63	»	3	72	»	3	81	»	3	9	»	2	99	4	3	108	»	3
25	6319	4/9	5	7	2/9	2	81	1/4	3	902	7/9	4	9930	5/9	5	108	1/3	3
26	633	8/9	4	72	4/9	3	81	1/2	3	90	5/9	3	996	1/9	4	108	2/3	3
27	635	5/6	4	72	2/3	3	81	3/4	3	90	5/6	3	999	1/6	4	109	»	3
28	63	7/9	3	72	8/9	3	82	»	3	9	1/9	2	100	2/9	3	109	1/3	3
29	6397	2/9	5	73	1/9	3	82	1/4	3	913	8/9	4	10052	7/9	5	109	2/3	3
30	64	1/6	3	7	1/3	2	8	1/4	2	9	1/6	2	100	5/6	3	11	»	2

NOTA : Lorsqu'il y aura des centimes à la somme, on retranchera deux chiffres de plus que ceux indiqués.

TAUX D'INTÉRÊTS.

Nombre de jours.	1 p. %/o.	Chiffres à retrancher.	2 p. %/o.	Chiffres à retrancher.	3 p. %/o.	Chiffres à retrancher.	4 p. %/o.	Chiffres à retrancher.	5 p. %/o	Chiffres à retrancher.	6 p. %/o.	Chiffres à retrancher.
331	919 4/9	5	183 8/9	4	275 5/6	4	36 7/9	3	4597 2/9	5	55 1/6	3
332	9 2/9	3	18 4/9	3	27 2/3	3	36 8/9	3	46 1/9	3	55 1/3	3
333	9 1/4	3	18 1/2	3	27 3/4	3	37 »	3	46 1/4	3	55 1/2	3
334	92 7/9	4	18 5/9	3	27 5/6	3	37 1/9	3	463 8/9	4	55 2/3	3
335	930 5/9	5	186 1/9	4	279 1/6	4	37 2/9	3	4652 7/9	5	55 5/6	3
336	9 1/3	3	18 2/3	3	28 »	3	37 1/3	3	4 2/3	2	56 »	3
337	936 1/9	5	187 2/9	4	280 5/6	4	37 4/9	3	4680 5/9	5	56 1/6	3
338	93 8/9	4	18 7/9	3	28 1/6	3	37 5/9	3	469 4/9	4	56 1/3	3
339	94 1/6	4	18 5/6	3	28 1/4	3	37 2/3	3	470 5/6	4	56 1/2	3
340	9 4/9	3	1 8/9	2	2 5/6	2	3 7/9	2	47 2/9	3	5 2/3	2
341	947 2/9	5	189 4/9	4	284 1/6	4	37 8/9	3	4736 1/9	5	56 5/6	3
342	9 1/2	3	19 »	3	28 1/2	3	38 »	3	4 3/4	2	57 »	3
343	952 7/9	5	190 5/9	4	285 5/6	4	38 1/9	3	4763 8/9	5	57 1/6	3
344	9 5/9	3	19 1/9	3	28 2/3	3	38 2/9	3	4 7/9	2	5 3/4	2
345	95 5/6	4	19 1/6	3	28 3/4	3	38 1/3	3	479 1/6	4	57 1/2	3
346	96 1/9	4	19 2/9	3	28 5/6	3	38 4/9	3	480 5/9	4	57 2/3	3
347	963 8/9	5	192 7/9	4	289 1/6	4	38 5/9	3	4819 4/9	5	57 5/6	3
348	9 2/3	3	19 1/3	3	29 »	3	38 2/3	3	48 1/3	3	58 »	3
349	969 4/9	5	193 8/9	4	290 5/6	4	38 7/9	3	4847 2/9	5	58 1/6	3
350	97 2/9	4	19 4/9	3	29 1/6	3	3 8/9	2	486 1/9	4	5 5/6	2
351	9 3/4	3	19 1/2	3	29 1/4	3	39 »	3	48 3/4	3	58 1/2	3
352	9 7/9	3	19 5/9	3	29 1/3	3	39 1/9	3	4 8/9	2	58 2/3	3
353	980 5/9	5	196 1/9	4	294 1/6	4	39 2/9	3	4902 7/9	5	58 5/6	3
354	9 5/6	3	19 2/3	3	29 1/2	3	39 1/3	3	49 1/6	3	59 »	3
355	986 1/9	5	197 2/9	4	295 5/6	4	39 4/9	3	4930 5/9	5	59 1/6	3
356	9 8/9	3	19 7/9	3	29 2/3	3	39 5/9	3	49 4/9	3	59 1/3	3
357	99 1/6	4	19 5/6	3	29 3/4	3	39 2/3	3	495 5/6	4	59 1/2	3
358	99 4/9	4	19 8/9	3	29 5/6	3	39 7/9	3	497 2/9	4	59 2/3	3
359	997 2/9	5	199 4/9	4	299 1/6	4	39 8/9	3	4986 1/9	5	59 5/6	3
360	»	2	2 »	2	3 »	2	4 »	2	5 »	2	6 »	2

12 mois.

NOTA : Lorsqu'il y aura des centimes à la somme, on retranchera deux chiffres de plus que ceux indiqués.

TAUX D'INTÉRÊTS.

Nombre de jours.	7 p. %.	Chiffres à retrancher.	8 p. %.	Chiffres à retrancher.	9 p. %.	Chiffres à retrancher.	10 p. %.	Chiffres à retrancher.	11 p. %.	Chiffres à retrancher.	12 p. %.	Chiffres à retrancher.
31	6436 1/9	5	73 5/9	3	82 3/4	3	919 4/9	4	10113 8/9	5	110 1/3	3
32	64 5/9	3	73 7/9	3	83 »	3	9 2/9	2	101 4/9	3	110 2/3	3
33	64 3/4	3	74 »	3	83 1/4	3	9 1/4	2	101 3/4	3	111 »	3
34	649 4/9	4	74 2/9	3	83 1/2	3	92 7/9	3	1020 5/9	4	111 1/3	3
35	6513 8/9	5	7 4/9	2	83 3/4	3	930 5/9	4	10236 1/9	5	11 1/6	2
36	65 1/3	3	74 2/3	3	84 »	3	9 1/3	2	102 2/3	3	112 »	3
37	6552 7/9	5	74 8/9	3	84 1/4	3	936 1/9	4	10297 2/9	5	112 1/3	3
38	657 2/9	4	75 1/9	3	84 1/2	3	93 8/9	3	1032 7/9	4	112 2/3	3
39	659 1/6	4	75 1/3	3	84 3/4	3	94 1/6	3	1035 5/6	4	113 »	3
40	66 1/9	3	7 5/9	2	8 1/2	2	9 4/9	2	103 8/9	3	11 1/3	2
41	6630 5/9	5	75 7/9	3	85 1/4	3	947 2/9	4	10419 4/9	5	113 2/3	3
42	66 1/2	3	76 »	3	85 1/2	3	9 1/2	2	104 1/2	3	114 »	3
43	6669 4/9	5	76 2/9	3	85 3/4	3	952 7/9	4	10480 5/9	5	114 1/3	3
44	66 8/9	3	76 4/9	3	86 »	3	9 5/9	2	105 1/9	3	114 2/3	3
45	670 5/6	4	7 2/3	2	86 1/4	3	95 5/6	3	1054 1/6	4	115 »	3
46	672 7/9	4	76 8/9	3	86 1/2	3	96 1/9	3	1057 2/9	4	115 1/3	3
47	6747 2/9	5	77 1/9	3	86 3/4	3	963 8/9	4	10602 7/9	5	115 2/3	3
48	67 2/3	3	77 1/3	3	87 »	3	9 2/3	2	106 1/3	3	116 »	3
49	6786 1/9	5	77 5/9	3	87 1/4	3	969 4/9	4	10663 8/9	5	116 1/3	3
50	680 5/9	4	7 7/9	2	8 3/4	2	97 2/9	3	1069 4/9	4	11 2/3	2
51	68 1/4	3	78 »	3	87 3/4	3	9 3/4	2	107 1/4	3	117 »	3
52	68 4/9	3	78 2/9	3	88 »	3	9 7/9	2	107 5/9	3	117 1/3	3
53	6863 8/9	5	78 4/9	3	88 1/4	3	980 5/9	4	10786 1/9	5	117 2/3	3
54	68 5/6	3	78 2/3	3	88 1/2	3	9 5/6	2	108 1/6	3	118 »	3
55	6902 7/9	5	7 8/9	2	88 3/4	3	986 1/9	4	10847 2/9	5	118 1/3	3
56	69 2/9	3	79 1/9	3	89 »	3	9 8/9	2	108 7/9	3	118 2/3	3
57	694 1/6	4	79 1/3	3	89 1/4	3	99 1/6	3	1090 5/6	4	119 »	3
58	696 1/9	4	79 5/9	3	89 1/2	3	99 4/9	3	1093 8/9	4	119 1/3	3
59	6980 5/9	5	79 7/9	3	89 3/4	3	997 2/9	4	10960 4/9	5	119 2/3	3
60	7 »	2	8 »	2	9 »	2	10 »	2	11 »	2	12 »	2
2 ois.												

NOTA : Lorsqu'il y aura des centimes à la somme, on retranchera deux chiffres de plus que ceux indiqués.

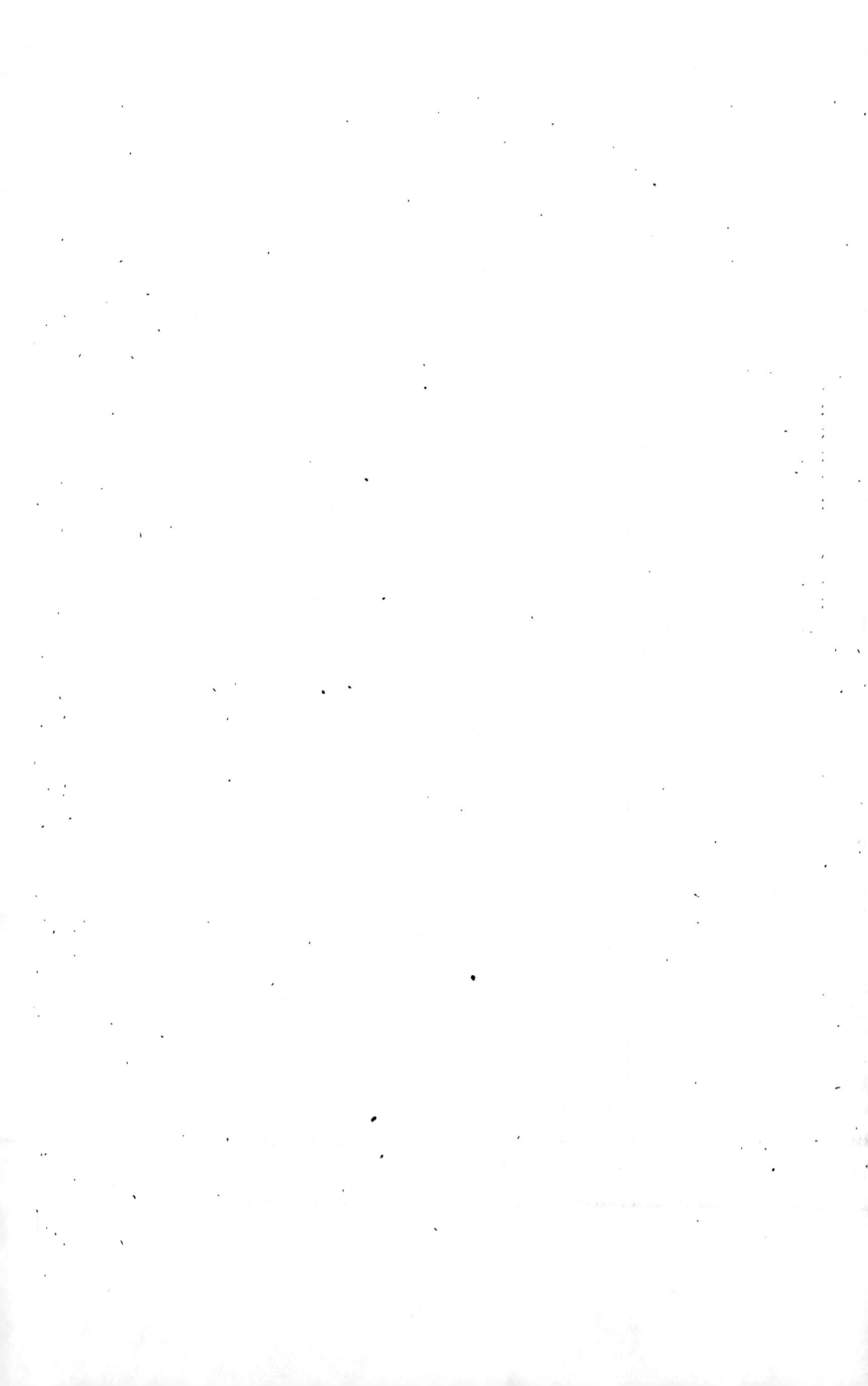

DEUXIÈME PARTIE.

~~~~~~~~~~~~~

Moyen ingénieux d'avoir l'intérêt d'un jour d'une somme quelconque par une simple addition.

Voici un moyen original et même ingénieux d'obtenir l'intérêt d'un jour d'une somme quelconque, par une simple addition :

Soit à déterminer l'intérêt d'un jour de 63,729 fr. à 4 p. % l'an.

Après avoir écrit la somme............	63729
on répète au-dessous les chiffres de cette	6372
même somme dans l'ordre indiqué, on addi-	637
tionne et après avoir retranché 4 chiffres du	63
total, on trouve 7 fr. 08 c. pour l'intérêt	6
cherché.	7,0807

Ayant obtenu l'intérêt d'un jour de 63729 fr. à 4 p. %,
on obtient celui à 5 p. % en ajoutant le quart en sus.

Intérêt à 4 p. %..	7ᶠ	08ᶜ
Le quart en sus...	1	77
Intérêt à 5 p. %..	8,	85

Pour avoir l'intérêt à 6 p. %, on ajoute la moitié.

Intérêt à 4 p. %..	7ᶠ	08ᶜ
La moitié en sus..	3	54
Intérêt à 6 p. %..	10,	62

Si l'on veut avoir l'intérêt à 3 p. %, on retranche un
quart.

Intérêt à 4 p. %..	7ᶠ	08ᶜ
Le quart en moins.	1	77
Intérêt à 3 p. %..	5	31

et ainsi de suite pour tous les taux.

De l'intérêt ou de l'escompte en dehors cal-
culé dans la proportion de l'année de 365
jours et de l'année bissextile de 366 jours.

Ainsi qu'il a été dit précédemment, et comme cela
se pratique généralement dans le commerce et dans la
banque, l'année est divisée en 365 jours et le calcul
des intérêts s'établit sur 360 jours.

On réduira l'intérêt ainsi calculé dans la proportion
de l'année de 365 jours en multipliant cet intérêt par
$\frac{360}{365}$ ou 0,98630136, et dans la proportion de l'année
bissextile de 366 jours, en multipliant ce même intérêt
par $\frac{360}{366}$ ou 0,98360655 et plus simplement :

par 0,9863 pour l'année de 365 jours
et par 0,9836 pour l'année de 366 jours.

EXEMPLE.

Soit 355 fr. l'intérêt de 15000 pendant 142 jours, à
6 p. % l'an, à réduire dans la proportion de 365 jours.

Multipliant..	0,9863
par......	355
on aura 350 fr. 14 c. pour l'intérêt de	49315
15000 fr. dans la proportion de l'année	49315
de 365 jours, au lieu de 355 fr.	29589
	350,1365

Et si l'année est bissextile on multi-
plicra........................... 0,9836
   par........................... 355

et l'on aura 349 fr. 18 c. pour l'intérêt   49180
de cette même somme de 15,000 fr. dans   49180
la proportion de l'année de 366 jours.   29508

                             349,1780

Escompte en dedans ou rationnel.

Explication et usage de la table.

Les deux premières colonnes de la table suivante indiquent le nombre de mois ou de jours pour lesquels on veut obtenir l'escompte en dedans; les autres contiennent les facteurs par lesquels il faut multiplier le capital pour avoir cet escompte, aux taux y spécifiés.

RÈGLE.

Pour obtenir l'escompte en dedans d'un effet ou d'une facture quelconque, on multipliera le montant de l'effet ou de la facture par le multiplicateur du taux correspondant à la durée, et, après avoir retranché 6 chiffres à la droite du produit, on aura immédiatement l'escompte en dedans cherché.

EXEMPLE.

Soit à déterminer l'escompte en dedans d'un billet de 6000 fr. payable dans 5 mois ou 150 jours à 6 p. % l'an.

4*

Multipliant . . 24390

nombre qui correspond à 5 mois au   6000

taux de 6 p. °/₀ par le montant du bil- 146,340000

let on a, après avoir retranché 6 chiffres

du produit, 146 fr. 34 c. pour l'escompte en dedans cherché.

Si l'on retranche du montant du billet

de. . . . .   6000ᶠ   »

l'escompte en dedans.   146   34

Il restera à payer 5853 fr. 66 c.   5853   66

Si l'on prend maintenant l'intérêt ou l'escompte en dehors de ce même billet de 6,000 fr., on trouvera pour cet intérêt 150 fr., et pour la somme à payer 5850 fr.

On retiendra donc par la première manière 146 fr. 34 c.; et par la seconde, 150 fr.; c'est-à-dire 3 fr. 66 c. de moins.

Cette différence n'est autre chose que l'intérêt de l'escompte en dedans ou de 146 fr. 34 c.

L'intérêt croît et diminue dans une égale proportion relativement au capital et au temps, mais il n'en est pas ainsi de l'escompte en dedans.

Ainsi l'intérêt ou l'escompte en dehors de 7000 fr. à 6 p. °/₀ pendant 8 mois ou 240 jours

étant de. . . . .   280ᶠ   »

pour 2 mois, il sera le quart ou.   70   »

Tandis que l'escompte en dedans de 7000 fr. au même taux et pour le même temps étant

de. 269ᶠ   23ᶜ

pour 2 mois, il sera de.   69   30

le quart de 269 fr. 23 c. étant de. . . .   67   30

il y a une différence de.   2   »

TABLE

pour servir au calcul de l'escompte en dedans.

NOMBRE DE		TAUX D'INTÉRÊTS			
		3 p. %.	4 p. %.	5 p. %.	6 p. %.
MOIS.	JOURS.				
1	30	24937	32891	40832	49751
2	60	49751	65567	82316	99000
3	90	74441	99009	12315	14778
4	120	99009	13125	16329	19607
5	150	12345	16329	20376	24390
6	180	14778	19607	24390	29126
7	210	17199	22769	28277	33816
8	240	19607	25910	32227	38461
9	270	22004	29126	36144	43062
10	300	24390	32227	39938	47619
11	330	26763	35307	43794	52132
12	360	29126	38461	47619	56600

TROISIÈME PARTIE.

Intérêts composés. — Annuités. — Amortissement.

Il est peu de problèmes se rattachant à des questions
d'intérêts composés et d'annuités dont on puisse obte-
nir la solution sans le secours de l'algèbre ou des loga-
rithmes. A l'aide des tables suivantes, on obtient le
résultat cherché par une simple multiplication.

Intérêts composés.

Usage et application des tables nos 1, 2 et 3.

Au moyen de la table n° 1, on trouvera la valeur d'un
capital quelconque placé à intérêts composés, après un
nombre d'années n'excédant pas 30 ans.

Pour faire usage de cette table, il faut chercher dans la colonne du taux le nombre correspondant à la quantité d'années et multiplier ce nombre par le capital ou le capital par ce nombre.

EXEMPLE.

Combien vaudra, au bout de 8 ans, un capital de 15000 fr. placé à intérêts composés à 5 p. %?

Multipliant..	1,4774554
par......	15000

on a pour produit, 22161 fr. 83 c. qui représente la somme que vaudront 15000 fr. après 8 ans, capital et intérêts compris à 5 p. %.

$$\begin{array}{r} 73872770 \\ 14774554 \\ \hline 22161,8310000 \end{array}$$

Quand la durée du placement se compose d'un nombre d'années accompagné de mois et de jours, on ne calcule les intérêts composés que pour le nombre entier d'années; le capital est considéré placé à intérêts simples pour la fraction d'année.

EXEMPLE.

Que devient, au bout de 8 ans 3 mois et 20 jours (110 jours), un capital de 15000 fr. placé à intérêts composés à 5 p. % l'an?

On a vu dans l'exemple précédent que le capital

15000 fr. placé à intérêts composés à 5 p. %, vaut au
bout de 8 ans . . . . 22161 f 83 c
    Ajoutant l'intérêt simple de cette
même somme pour 110 jours, ci . .   229 17
on a 22391 fr. pour réponse à la ques-
tion posée.   22391 »

    A l'aide de la table n° 2, on trouvera également le
capital qu'il faut prêter pour recevoir telle somme que
l'on voudra à la fin d'un nombre quelconque d'années
n'excédant pas 30 ans.

EXEMPLE.

    Quel est le capital qu'il faut prêter pour recevoir
15000 fr. au bout de 14 ans, les intérêts composés à
5 p. %?

Multipliant. .   0,5050680
par. . .   15000

nombre correspondant à 14 ans
au taux de 5 p. %, on a 7576 fr.
02 c. pour résultat cherché.

2525340
505068

7576,0200000

    La table n° 3 contient les capitaux que l'on peut em-
prunter ou prêter, en sachant que l'on peut s'acquitter
ou que l'on peut être remboursé en versant ou recevant
une annuité de 1 fr. pendant un temps donné n'excédant
pas 30 ans.

Pour faire usage de cette table, il faut chercher dans la colonne du taux donné le nombre correspondant à la quantité d'années, et multiplier ce nombre par la somme versée ou reçue annuellement.

EXEMPLE.

Soit qu'on veuille savoir quel est le capital qu'il faut payer pour s'acquitter d'une rente de 400 francs due pendant 12 ans consécutifs, les intérêts compris à 5 p. %.

Multipliant. . 8,8632516

par . . .   400

nombre correspondant à 12 ans au
taux de 5 p. %, on a pour produit $\overline{3545,3006400}$
3545 fr. 30 c. qui est la somme qu'on doit payer pour prix du rachat de la rente de 400 fr. due pendant 12 ans.

TABLE n° 1

Indiquant la valeur de 1 fr., l'intérêt composé y étant compris aux taux ci-après.

Années.	3 p. %.	4 p. %.	4 1/2 p. %.	5 p. %.	6 p. %.
1	1,0300000	1,0400000	1,0450000	1,0500000	1,0600000
2	1,0609000	1,0816000	1,0920250	1,1025000	1,1236000
3	1,0927270	1,1248640	1,1411661	1,1576250	1,1910160
4	1,1255083	1,1698586	1,1925186	1,2155063	1,2624770
5	1,1592741	1,2166529	1,2461819	1,2762816	1,3382256
6	1,1940523	1,2653190	1,3022601	1,3400956	1,4185191
7	1,2298739	1,3159318	1,3608618	1,4071004	1,5036303
8	1,2667701	1,3685691	1,4221006	1,4774554	1,5938481
9	1,3047732	1,4233118	1,4860951	1,5513282	1,6894790
10	1,3439164	1,4802443	1,5529694	1,6288946	1,7908477
11	1,3842339	1,5394541	1,6228530	1,7103394	1,8982986
12	1,4257609	1,6010322	1,6958814	1,7958563	2,0121965
13	1,4685337	1,6650735	1,7721961	1,8856491	2,1329283
14	1,5125897	1,7316764	1,8519449	1,9799316	2,2609040
15	1,5579674	1,8009435	1,9352824	2,0789282	2,3965582
16	1,6047064	1,8729813	2,0223701	2,1828746	2,5403517
17	1,6528476	1,9479005	2,1133768	2,2920183	2,6927728
18	1,7024331	2,0258165	2,2084788	2,4066192	2,8543392
19	1,7535061	2,1068492	2,3078603	2,5269502	3,0255995
20	1,8061112	2,1911231	2,4117140	2,6532977	3,2071355
21	1,8602946	2,2787681	2,5202412	2,7854626	3,3995636
22	1,9161034	2,3699188	2,6336520	2,9252607	3,6035374
23	1,9735865	2,4647155	2,7521663	3,0715238	3,8197497
24	2,0327941	2,5633042	2,8760138	3,2250999	4,0489346
25	2,0937779	2,6658363	3,0054345	3,3863549	4,2918707
26	2,1565913	2,7724698	3,1406790	3,5556727	4,5493830
27	2,2212890	2,8833686	3,2820096	3,7334563	4,8223459
28	2,2879277	2,9987033	3,4297000	3,9201291	5,1116867
29	2,3565655	3,1186515	3,5840365	4,1161356	5,4183879
30	2,4272625	3,2433975	3,7453181	4,3219424	5,7434912

TABLE n° 2

Indiquant la somme à verser pour recevoir **1 fr.**, *l'intérêt composé étant aux taux ci-après.*

Années.	3 p. %.	4 p. %.	4 1/2 p. %.	5 p. %.	6 p. %.
1	0,9708738	0,9615385	0,9569378	0,9523810	0,9433962
2	0,9425959	0,9245562	0,9157299	0,9070295	0,8899964
3	0,9151417	0,8889964	0,8762966	0,8638376	0,8396193
4	0,8884871	0,8548042	0,8385613	0,8227025	0,7920937
5	0,8626088	0,8219271	0,8024510	0,7835262	0,7472582
6	0,8374843	0,7903145	0,7678957	0,7462154	0,7049606
7	0,8130915	0,7599178	0,7348285	0,7106813	0,6650571
8	0,7894092	0,7306902	0,7031851	0,6768394	0,6274124
9	0,7664167	0,7025867	0,6729044	0,6446089	0,5918985
10	0,7440939	0,6755642	0,6439277	0,6139133	0,5583948
11	0,7224213	0,6495809	0,6161987	0,5846793	0,5267875
12	0,7013790	0,6245974	0,5896639	0,5568374	0,4969694
13	0,6809513	0,6005741	0,5642716	0,5303214	0,4688390
14	0,6611178	0,5774751	0,5399729	0,5050680	0,4423010
15	0,6418619	0,5552645	0,5167204	0,4810171	0,4172651
16	0,6231669	0,5339082	0,4944693	0,4581115	0,3936463
17	0,6050164	0,5133732	0,4731764	0,4362967	0,3713644
18	0,5873946	0,4936281	0,4528004	0,4155207	0,3503438
19	0,5702860	0,4746424	0,4333018	0,3957340	0,3305130
20	0,5536758	0,4563870	0,4146429	0,3768895	0,3118048
21	0,5375493	0,4388336	0,3967874	0,3589424	0,2941554
22	0,5218925	0,4219554	0,3797009	0,3418499	0,2775051
23	0,5066917	0,4057263	0,3633501	0,3255713	0,2617973
24	0,4919337	0,3901215	0,3477035	0,3100679	0,2469785
25	0,4776056	0,3751168	0,3327306	0,2953028	0,2329986
26	0,4636947	0,3606892	0,3184025	0,2812407	0,2198100
27	0,4501891	0,3468166	0,3046914	0,2678483	0,2073679
28	0,4370768	0,3334775	0,2915707	0,2550936	0,1956301
29	0,4243464	0,3206514	0,2794050	0,2429463	0,1845567
30	0,4119868	0,3083187	0,2670000	0,2313775	0,1741101

TABLE N° 3

Indiquant le capital à recevoir immédiatement, et dont on s'acquitte en servant une annuité de 1 fr., l'intérêt compris aux taux ci-après.

Années.	3 p. %.	4 p. %.	4 1/2 p. %	5 p. %.	6 p. %.
1	0,9708738	0,9615385	0,9569378	0,9523810	0,9433962
2	1,9134697	1,8860947	1,8726678	1,8594104	1,8333927
3	2,8286114	2,7750910	2,7489644	2,7232480	2,6730120
4	3,7170984	3,6298952	3,5875257	3,5459505	3,4651057
5	4,5797072	4,4518223	4,3899767	4,3294767	4,2123639
6	5,4171914	5,2421369	5,1578725	5,0756921	4,9173244
7	6,2302830	6,0020547	5,8927009	5,7863734	5,5823815
8	7,0196922	6,7327449	6,5958861	6,4632128	6,2097939
9	7,7861089	7,4353316	7,2687905	7,1078217	6,8016924
10	8,5302028	8,1108958	7,9127182	7,7217349	7,3600872
11	9,2526241	8,7604767	8,5289169	8,3064142	7,8868747
12	9,9540040	9,3850738	9,1185808	8,8632516	8,3838441
13	10,6349553	9,9856478	9,6828524	9,3935730	8,8526831
14	11,2960731	10,5631229	10,2228253	9,8986409	9,2949841
15	11,9379351	11,1183874	10,7395457	10,3796580	9,7122492
16	12,5611020	11,6522956	11,2340151	10,8377606	0,1058955
17	13,1661185	12,1656689	11,7071914	11,2740663	10,4772599
18	13,7535131	12,6592970	12,1599918	11,6895869	10,8276037
19	14,3237991	13,1339394	12,5932936	12,0853209	11,1581167
20	14,8774748	13,5903263	13,0079365	12,4622103	11,4699215
21	15,4150241	14,0291599	13,4047239	12,8211527	11,7640769
22	15,9369166	14,4511153	13,7844248	13,1630026	12,0415820
23	16,4436084	14,8568417	14,1477749	13,4885739	12,3033792
24	16,9355421	15,2469631	14,4954784	13,7986418	12,5503577
25	17,8131477	15,6220799	14,8282090	14,0939446	12,7833563
26	17,8768424	15,9827692	15,1466115	14,3751853	13,0031663
27	18,3270315	16,3295857	15,4513028	14,6430336	13,2105342
28	18,7641082	16,6630632	15,7428735	14,8981273	13,4061643
29	19,1884546	16,9837146	16,0218885	15,1410736	13,5907210
30	19,6004413	17,2920333	16,2888885	15,3724510	13,7648311

Des Annuités et de l'Amortissement.

On entend par annuité, une somme fixe que l'on verse chaque année et que l'on ajoute ainsi à un capital rapportant intérêt, ou bien encore une somme égale que, sous forme de rente, on retire chaque année d'un capital placé.

L'amortissement est une annuité que l'on verse chaque année pendant un temps limité, pour éteindre une dette, de sorte que, au bout de ce temps, le débiteur se trouve avoir acquitté en un nombre de paiements annuels égaux, son emprunt et les intérêts.

Cette manière d'emprunter est très avantageuse, puisqu'elle procure au débiteur la facilité de s'acquitter insensiblement et sans se gêner.

La table ci-après sert à former les annuités ou paiements égaux d'un capital quelconque, depuis 1 jusqu'à 30 ans inclusivement.

Pour faire usage de cette table, il faut chercher dans la colonne du taux le nombre correspondant à la quantité d'années indiqué, et multiplier ce nombre par le capital.

1er EXEMPLE.

Soit à convertir le capital 10000 fr. en une annuité payable pendant 12 ans, l'intérêt à 5 p. % s'y trouvant compris ; quelle sera cette annuité?

Multipliant 0,1128254, nombre correspondant à 12 ans, colonne 5 p. %, par 10,000 fr., ce qui se fait en reculant la virgule de 4 chiffres vers la droite, on a 1128 fr. 25 c. pour l'annuité cherchée.

2e EXEMPLE.

Quelle est l'annuité du capital 5625 fr. payable pendant 10 ans, l'intérêt compris à 6 p. %?

Nombre correspondant à 10 ans :

Colonne 6 p. %. . . .	0,1358680
Capital	5625
Produit	764,2575000

Soit 764 fr. 25 c. pour l'annuité cherchée.

TABLE

Indiquant la somme à payer chaque année pour s'acquitter d'un capital de 1 fr., l'intérêt compris aux taux ci-après.

Années.	3 p. %.	4 p. %.	4 1/2 p. %.	5 p. %.	6 p. %.
1	1,0300000	1,0400000	1,0450000	1,0500000	1,0600000
2	0,5226108	0,5301961	0,5339975	0,5378049	0,5454369
3	0,3535303	0,3603485	0,3637733	0,3672086	0,3741098
4	0,2690270	0,2754900	0,2787436	0,2820118	0,2885915
5	0,2183545	0,2246271	0,2277916	0,2309748	0,2373964
6	0,1845975	0,1907619	0,1938783	0,1970175	0,2033626
7	0,1605006	0,1666096	0,1697014	0,1728198	0,1791350
8	0,1424563	0,1485278	0,1516096	0,1547218	0,1610360
9	0,1284338	0,1344930	0,1375744	0,1406901	0,1470223
10	0,1172305	0,1232909	0,1263788	0,1295046	0,1358680
11	0,1080774	0,1141490	0,1172481	0,1203889	0,1267930
12	0,1004620	0,1065522	0,1096661	0,1128254	0,1192771
13	0,0940201	0,1001437	0,1032753	0,1064558	0,1129601
14	0,0885263	0,0946690	0,0978204	0,1010240	0,1075849
15	0,0837665	0,0899411	0,0931138	0,0963423	0,1029628
16	0,0796108	0,0858200	0,0890153	0,0922699	0,0989522
17	0,0759525	0,0821985	0,0854175	0,0886991	0,0954448
18	0,0727086	0,0789933	0,0822368	0,0855462	0,0923566
19	0,0698138	0,0761386	0,0794073	0,0827450	0,0896209
20	0,0672157	0,0735818	0,0768761	0,0802426	0,0871846
21	0,0648717	0,0712801	0,0746005	0,0779961	0,0850046
22	0,0627474	0,0691988	0,0725456	0,0759705	0,0830456
23	0,0608139	0,0673091	0,0706824	0,0741368	0,0812785
24	0,0590474	0,0655868	0,0689870	0,0724709	0,0796790
25	0,0574278	0,0640120	0,0674391	0,0709525	0,0782267
26	0,0559383	0,0625674	0,0660213	0,0695643	0,0769044
27	0,0545642	0,0612385	0,0647194	0,0682919	0,0756972
28	0,0532932	0,0600130	0,0635208	0,0671225	0,0745926
29	0,0521157	0,0588799	0,0624146	0,0660455	0,0735796
30	0,0510192	0,0578301	0,0613915	0,0650514	0,0726489

Remboursement par anticipation d'un nombre quelconque d'échéances d'une annuité.

La table ci-après indique la somme qu'on doit payer pour chaque annuité de 100 fr. en capital et intérêts à 4 1/2, 5 et 6 p. %, suivant le nombre d'échéances qu'on veut rembourser.

On suppose un capital de 100 fr. avec l'intérêt à 4 1/2 p. %, divisé en 8 annuités ou paiements égaux; le premier paiement se composera de l'intérêt du capital 100 fr. et de la partie restante de ce capital; mais cette partie du capital sera plus petite que celle du paiement suivant, car, plus il y a d'intérêts, moins il faut de capital, d'où il suit que le capital augmente progressivement à mesure que les intérêts diminuent; l'annuité, dans ce cas, est de 15 fr. 16096 ou de 15 fr. 16 c.

On suppose maintenant que l'on veuille rembourser, par anticipation, les quatre dernières échéances de cette annuité.

On voit dans la table que pour le remboursement de quatre échéances d'une annuité de 15 fr. 16 c. au taux de 4 1/2 p. % pendant 8 ans, il faut payer 54 fr. 39036 ou 54 fr. 39 c., c'est ce qui résulte en effet du tableau ci-dessous, ainsi qu'on peut s'en convaincre en additionnant les quatre dernières sommes de la deuxième colonne qui composent le capital desdites quatre dernières années; par lequel tableau on voit la manière dont on calcule les annuités.

TABLEAU

Indiquant le remboursement de huit échéances d'une annuité de 15 fr. 16 c.

ANS.	CAPITAL.	INTÉRÊT.	ANNUITÉ.
1	10 66	4 50	15 16
2	11 14	4 02	15 16
3	11 64	3 52	15 16
4	12 17	2 99	15 16
5	12 71	2 45	15 16
6	13 29	1 87	15 16
7	13 88	1 28	15 16
8	14 51	» 65	15 16
	100 »	21 28	121 28

Il sera donc toujours facile de décomposer les

échéances d'une annuité quelconque en capital et in-
térêts, en prenant l'intérêt de la somme portée en
regard de chaque échéance au taux spécifié dans la
table, et en retranchant cet intérêt du montant de l'an-
nuité ; la différence formera la partie du capital de cette
même échéance.

APPLICATION DE LA TABLE.

Soit à déterminer la somme à payer pour le rem-
boursement de 6 échéances d'une annuité de 1128 fr.
25 c., payable pendant 12 ans, l'intérêt compris à
5 p. %, laquelle annuité répond à 10,000 fr. de ca-
pital.

On voit, dans la table, que pour le remboursement
de 6 échéances d'une annuité de 11 fr. 28254 qui ré-
pond à 100 fr. de capital, il faut payer 57 fr. 26670,
donc pour 10000 fr., nombre 100 fois plus fort, on
devra payer 5726 fr. 67 c. pour le remboursement des
6 échéances dont il s'agit.

Il est évident qu'au moyen des sommes insérées dans
la table, pour le remboursement de l'annuité y men-
tionnée, on déterminera la somme qu'il faut payer
pour les échéances d'une annuité quelconque formée
pour le même temps.

Pour cela, on multipliera l'annuité proposée par la somme indiquée dans la table pour le remboursement du nombre d'échéances dont on veut se libérer et on divisera le produit par l'annuité.

Soit proposé de déterminer la somme à payer pour le remboursement des 6 dernières échéances d'une annuité de 764 fr. 25 c., payable pendant 10 ans, y compris l'intérêt à 6 p. %, laquelle répond à 5625 fr. de capital.

On voit, dans la table, que pour le remboursement de 6 échéances d'une annuité de 13 fr. 58680, correspondant à 100 fr. de capital, y compris l'intérêt à 6 p. %, il faut payer 66 f. 81068. Pour une annuité de 764 fr. 25 c. on aura donc à payer

$$\frac{764 \text{ fr.} 25 \times 66 \text{ fr.} 81068}{13 \text{ fr.} 58680} = 3758 \text{ fr. } 06 \text{ c.}$$

TABLE

Indiquant les sommes qu'il faut payer pour le rembour-sement des échéances d'une annuité de **100 fr.** *pen-dant un nombre quelconque d'années.*

NOMBRE		SOMMES A PAYER PAR ÉCHÉANCES, L'INTÉRÊT COMPRIS AUX TAUX DE		
d'années.	d'échéances.	4 1/2 p. %.	5 p. %.	6 p. %.
2		l'annuité est de	l'annuité est de	l'annuité est de
		53,39975	53,78049	54,54369
	2	100,00000	100,00000	100,00000
	1	54,10025	51,21951	51,45631
3		l'annuité est de	l'annuité est de	l'annuité est de
		36,37733	36,72086	37,41098
	3	100,00000	100,00000	100,00000
	2	68,12267	68,27914	68,58902
	1	34,81086	34,97224	35,29338
4		l'annuité est de	l'annuité est de	l'annuité est de
		27,87436	28,20118	28,85915
	4	100,00000	100,00000	100,00000
	3	76,62564	76,79882	77,14085
	2	52,19943	52,43758	52,91015
	1	26,67404	26,85827	27,22561
5		l'annuité est de	l'annuité est de	l'annuité est de
		22,77916	23,09748	23,73964
	5	100,00000	100,00000	100,00000
	4	81,72084	81,90252	82,26036
	3	62,61911	62,90017	63,45634
	2	42,65780	42,94770	43,52488
	1	21,79824	21,99760	22,39508

NOMBRE		SOMMES A PAYER PAR ÉCHÉANCES, L'INTÉRÊT COMPRIS AUX TAUX DE		
d'années.	d'échéances.	4 1/2 p. %.	5 p. %.	6 p. %.
6		l'annuité est de 19,38783	l'annuité est de 19,70175	l'annuité est de 20,33626
	6	100,00000	100,00000	100,00000
	5	85,11217	85,29825	85,66374
	4	69,55438	69,86142	70,46730
	3	53,29649	53,65274	54,35907
	2	36,30700	36,63363	37,28435
	1	18,55298	18,76357	19,18515
7		l'annuité est de 16,97014	l'annuité est de 17,28198	l'annuité est de 17,91350
	7	100,00000	100,00000	100,00000
	6	87,52986	87,71802	88,08650
	5	74,49856	74,82194	75,45819
	4	60,88083	61,28105	62,07218
	4	46,65032	47,06312	47,88301
	2	31,77944	32,13429	32,84249
	1	16,23937	16,45902	16,89953
8		l'annuité est de 15,16096	l'annuité est de 15,47218	l'annuité est de 16,10360
	8	100,00000	100,00000	100,00000
	7	89,33904	89,52782	89,89640
	6	78,19833	78,53203	79,18659
	5	66,55629	66,98645	67,83419
	4	54,39036	54,86359	55,80065
	3	41,67696	42,13459	43,04509
	2	28,39147	28,76914	29,52420
	1	14,50812	14,73541	15,19206
9		l'annuité est de 13,75744	l'annuité est de 14,06901	l'annuité est de 14,70223
	9	100,00000	100,00000	100,00000

NOMBRE		SOMMES A PAYER PAR ÉCHÉANCES, L'INTÉRÊT COMPRIS AUX TAUX DE		
d'années.	d'échéances.	4 1/2 p. % .	5 p. % .	6 p. % .
9	8	90,74256	90,93099	91,29777
	7	81,06853	81,40853	82,07344
	6	70,95917	71,40995	72,29559
	5	60,39489	60,91144	61,93110
	4	49,35522	49,88800	50,94474
	3	37,81876	38,31339	39,29920
	2	25,76316	26,16005	26,95493
	1	13,16506	13,39905	13,87000
10		l'annuité est de 12,63788	l'annuité est de 12,95046	l'annuité est de 13,58680
	10	100,00000	100,00000	100,00000
	9	91,86212	92,04954	92,41320
	8	83,35803	83,70156	84,37120
	7	74,47126	74,93618	75,84668
	6	65,18458	65,73253	66,81068
	5	55,48000	56,06870	57,23252
	4	45,33872	45,92168	47,07968
	3	34,74108	35,26731	36,31766
	2	23,66654	24,08022	24,90992
	1	12,09365	12,33377	12,81772
11		l'annuité est de 11,72481	l'annuité est de 12,03889	l'annuité est de 12,67930
	11	100,00000	100,00000	100,00000
	10	92,77519	92,96111	93,32070
	9	85,22526	85,57028	86,24065
	8	77,33558	77,80990	78,73579
	7	69,09087	69,66151	70,78064
	6	60,47514	61,40570	62,34818
	5	51,47171	52,42209	53,40978
	4	42,06312	42,68931	43,93507
	3	32,23115	32,78489	33,89188
	2	21,95674	22,38525	23,24610
	1	11,21998	11,46562	11,96157

NOMBRE		SOMMES A PAYER PAR ÉCHÉANCES, L'INTÉRÊT COMPRIS AUX TAUX DE		
d'années.	d'échéances.	4 1/2 p. %.	5 p. %.	6 p. %.
12		l'annuité est de 10,96664	l'annuité est de 11,28254	l'annuité est de 11,92771
	12	100,00000	100,00000	100,00000
	11	93,53339	93,71746	94,07229
	10	86,77578	87,12079	87,78892
	9	79,74408	80,19429	81,12855
	8	72,33460	72,02146	74,06856
	7	64,62304	65,28499	66,58497
	6	56,56446	57,26670	58,65236
	5	48,14325	48,84750	50,24380
	4	39,34308	40,00734	41,33072
	3	30,14690	30,72516	31,88286
	2	20,53690	20,978×8	21,86813
	1	10,49445	10,74528	11,25251
13		l'annuité est de 10,32753	l'annuité est de 10,64558	l'annuité est de 11,29601
	13	100,00000	100,00000	100,00000
	12	94,17247	94,35442	94,70399
	11	88,08270	88,42656	89,09022
	10	81,71889	82,20231	83,13962
	9	75,06871	75,66685	76,83199
	8	68,11927	68,80462	70,14590
	7	60,85710	61,59927	63,05864
	6	53,26813	54,03366	55,54615
	5	45,33766	46,08977	47,58291
	4	37,05032	37,74868	39,14187
	3	28,39005	28,99054	30,19437
	2	19,34007	19,79449	20,71002
	1	9,88284	10,13864	10,65661

NOMBRE		SOMMES A PAYER PAR ÉCHÉANCES, L'INTÉRÊT COMPRIS AUX TAUX DE		
d'années.	d'échéances.	**4** 1/2 p. º/o.	**5** p. º/o.	**6** p. º/o.
14		l'annuité est de	l'annuité est de	l'annuité est de
		9,78204	10,10240	10,75849
	14	100,00000	100,00000	100,00000
	13	94,71796	94,89760	95,24151
	12	89,19822	89,54008	90,19751
	11	83,43009	83,91469	84,85087
	10	77,40240	78,00803	79,18343
	9	71,10346	71,80604	73,17594
	8	64,52107	65,29395	66,80800
	7	57,64247	58,45625	60,05799
	6	50,45434	51,27667	52,90298
	5	42,94274	43,73810	45,31867
	4	35,09312	35,82261	37,27930
	3	26,89027	27,51135	28,75757
	2	18,31829	18,78452	19,72454
	1	9,36057	9,62134	10,14952
15		l'annuité est de	l'annuité est de	l'annuité est de
		9,31138	9,63423	10,29628
	15	100,00000	100,00000	100,00000
	14	95,18862	95,36577	95,70372
	13	90,16072	90,49983	91,14966
	12	84,90657	85,39059	86,32236
	11	79,41598	80,02589	81,20542
	10	73,67831	74,39296	75,78147
	9	67,68245	68,47838	70,03208
	8	61,41678	62,26807	63,93773
	7	54,86915	55,74725	57,47772
	6	48,02688	48,90039	50,63011
	5	40,87670	41,71118	43,37164
	4	33,40477	34,16251	35,67766
	3	25,59660	26,23641	27,52204
	2	17,43706	17,91400	18,87709
	1	8,91034	9,17547	9,71344

NOMBRE		SOMMES A PAYER PAR ÉCHÉANCES, L'INTÉRÊT COMPRIS AUX TAUX DE		
d'années.	d'échéances.	**4** 1/2 p. %.	**5** p. %.	**6** p. %.
16		l'annuité est de	l'annuité est de	l'annuité est de
		8,90153	9,22699	9,89522
	16	100,00000	100,00000	100,00000
	15	95,59847	95,77301	96,10478
	14	90,99887	91,33467	91,97585
	13	86,19228	86,67441	87,59919
	12	81,16940	81,78114	82,95993
	11	75,92049	76,64320	78,04231
	10	70,43538	71,24837	72,82963
	9	64,70344	65,58380	67,30419
	8	58,71356	59,63600	61,44723
	7	52,45414	53,39081	55,23885
	6	45,91304	46,83336	48,65797
	5	39,07759	39,94804	41,68223
	4	31,93455	32,71845	34,28795
	3	24,47007	25,12738	26,45001
	2	16,66969	17,15676	18,14179
	1	8,51829	8,78761	9,33508
17		l'annuité est de	l'annuité est de	l'annuité est de
		8,54175	8,86991	9,54448
	17	100,00000	100,00000	100,00000
	16	95,95825	96,13009	96,45552
	15	91,73462	92,06668	92,69837
	14	87,32092	87.80010	88,71579
	13	82,70861	83,32019	84,49426
	12	77,88874	78,61629	80,01943
	11	72,85198	73,67719	75,27612
	10	67,58856	68,49113	70,24821
	9	62,08829	63,04577	64,91862
	8	56,34051	57,32814	59,26925
	7	50,33408	51,32463	53,28092
	6	44,05736	45,02095	46,93329
	5	37,49818	38,40208	40,20481

NOMBRE		SOMMES A PAYER PAR ÉCHÉANCES, L'INTÉRÊT COMPRIS AUX TAUX DE		
d'années.	d'échéances.	4 1/2 p. %.	5 p. %.	6 p. %.
17	4	30,64384	31,45227	33,07262
	3	23,48106	24,15497	25,51250
	2	15,99595	16,49280	17,49877
	1	8,17401	8,44753	9,00422
18		l'annuité est de	l'annuité est de	l'annuité est de
		8,22368	8,55462	9,23566
	18	100,00000	100,00000	100,00000
	17	96,27632	96,44538	96,76434
	16	92,38507	92,71303	93,33455
	15	88,31871	88,79406	89,69897
	14	84,06937	84,67914	85,84525
	13	79,62881	80,35848	81,76031
	12	74,98842	75,82178	77,43027
	11	70,13921	71,05825	72,84043
	10	65,07179	66,05654	67,97520
	9	59,77634	60,80474	62,81806
	8	54,24259	55,29035	57,35149
	7	48,45982	49,50025	51,55692
	6	42,41683	43,42064	45,41468
	5	36,10190	37,03705	38,90591
	4	29,50280	30,33428	32,00249
	3	22,60474	23,29637	24,68698
	2	15,39827	15,90656	16,93254
	1	7,86751	8,14726	8,71284
19		l'annuité est de	l'annuité est de	l'annuité est de
		7,94073	8,27450	8,96209
	19	100,00000	100,00000	100,00000
	18	96,55927	96,72550	97,03791
	17	92,96370	93,28727	93,89810
	16	89,20633	89,67717	90,56990
	15	85,27988	85,88649	87,04201

6

NOMBRE		SOMMES A PAYER PAR ÉCHÉANCES, L'INTÉRÊT COMPRIS AUX TAUX DE		
d'années.	d'échéances.	4 1/2 p. %.	5 p. %.	6 p. %.
19	14	81,17674	81,90632	83,30244
	13	76,88896	77,72713	79,33850
	12	72,40823	73,33899	75,13672
	11	67,72587	68,73144	70,68284
	10	62,83280	63,89351	65,90172
	9	57,71954	58,81368	60,95734
	8	52,37618	53,47986	55,65269
	7	46,79237	47,87935	50,02977
	6	40,95529	41,99882	44,06947
	5	34,85754	35,82426	37,75155
	4	28,48539	29,34097	31,05456
	3	21,82650	22,53352	23,95575
	2	14,86796	15,38570	16,43101
	1	7,59628	7,88048	8,45478
20		l'annuité est de	l'annuité est de	l'annuité est de
		7,68761	8,02426	8,71846
	20	100,00000	100,00000	100,00000
	19	96,81239	96,97574	97,28154
	18	93,48133	93,80027	94,39998
	17	90,00038	90,46602	91,34552
	16	86,36278	86,96506	88,10780
	15	82,56149	83,28906	84,67581
	14	78,58914	79,42926	81,03790
	13	74,43804	75,37647	77,18172
	12	70,10014	71,12103	73,09417
	11	65,56703	66,65282	68,76137
	10	60,82993	61,96120	64,16860
	9	55,87966	57,03500	59,30026
	8	50,70663	51,86249	54,13983
	7	45,30081	46,43136	48,66976
	6	39,65173	40,72867	42,87149
	5	33,74844	34,74085	36,72532
	4	27,57951	28,45363	30,21038
	3	21,13297	21,85205	23,30454

NOMBRE		SOMMES A PAYER PAR ÉCHÉANCES, L'INTÉRÊT COMPRIS AUX TAUX DE		
d'années.	d'échéances.	4 1/2 p. º/o.	5 p. º/o.	6 p. º/o.
20	2	14,39634	14,92039	15,98435
	1	7,35656	7,64215	8,22496
21		l'annuité est de 7,46005	l'annuité est de 7,79961	l'annuité est de 8,50046
	21	100,00000	100,00000	100,00000
	20	97,03995	97,20039	97,49954
	19	93,94669	94,26080	94,84905
	18	90,71424	91,17423	92,03953
	17	87,33633	87,93333	89,06145
	16	83,80641	84,53038	85,90486
	15	80,11765	80,95729	82,55860
	14	76,26289	77,20554	79,01165
	13	72,23467	73,26621	75,25189
	12	68,02518	69,12991	71,26654
	11	63,62626	64,78680	67,04207
	10	59,02939	60,22653	62,56413
	9	54,22566	55,43824	57,81752
	8	49,20576	50,41054	52,78611
	7	43,95997	45,13146	47,45282
	6	38,47811	39,58842	41,79933
	5	32,74957	33,76823	35,80704
	4	26,76325	27,65704	29,45500
	3	20,50754	21,24028	22,72184
	2	13,97033	14,50268	15,58469
	1	7,13894	7,42820	8,01931
22		l'annuité est de 7,25456	l'annuité est de 7,59705	l'annuité est de 8,30456
	22	100,00000	100,00000	100,00000
	21	97,24544	97,40295	97,69544
	20	94,36692	94,67605	95,25261
	19	91,35887	91,81280	92,66321
	18	88,21545	88,80639	89,91845

NOMBRE		SOMMES A PAYER PAR ÉCHÉANCES, L'INTÉRÊT COMPRIS AUX TAUX DE		
d'années.	d'échéances.	4 1/2 p. %.	5 p. %.	6 p. %.
22	17	84,93058	85,64966	87,00900
	16	81,49789	82,33509	83,92498
	15	77,91073	78,85479	80,65592
	14	74,16215	75,20048	77,19072
	13	70,24488	71,36345	73,51761
	12	66,15134	67,33457	69,62411
	11	61,87359	63,10425	65,49700
	10	57,40334	58,66241	61,12226
	9	52,73193	53,99848	56,48504
	8	47,85030	49,10136	51,56958
	7	42,74900	43,95938	46,35920
	6	37,41814	38,56030	40,83620
	5	31,84739	32,89126	34,98181
	4	26,02596	26,93877	28,77616
	3	19,94257	20,68866	22,19817
	2	13,58542	14,12604	15,22550
	1	6,94220	7,23529	7,83448
23		l'annuité est de 7,06824	l'annuité est de 7,41368	l'annuité est de 8,12785
	23	100,00000	100,00000	100,00000
	22	97,43176	97,58632	97,87215
	21	94,74795	95,05195	95,61664
	20	91,94339	92,39087	93,22579
	19	89,01263	89,59673	90,69149
	18	85,94098	86,66288	88,00513
	17	82,74952	83,58234	85,15759
	16	79,40503	80,34778	82,13920
	15	75,91004	76,95149	78,93970
	14	72,25778	73,38538	75,54823
	13	68,44117	69,64097	71,95327
	12	64,45281	65,70934	68,14262
	11	60,28494	61,58112	64,10333
	10	55,92952	57,24649	59,82168
	9	51,37810	52,69513	55,28313

NOMBRE		SOMMES A PAYER PAR ÉCHÉANCES, L'INTÉRÊT COMPRIS AUX TAUX DE		
d'années.	d'échéances.	4 1/2 p. %.	5 p. %.	6 p. %.
23	8	46,62187	47,91620	50,47227
	7	41,65161	42,89833	45,37276
	6	36,45769	37,62957	39,96727
	5	31,03004	32,09736	34,23746
	4	25,35815	26,28855	28,16386
	3	19,43102	20,18930	21,72584
	2	13,23717	13,78508	14,90154
	1	6,76460	7,06065	7,66778
24		l'annuité est de 6,89870	l'annuité est de 7,24709	l'annuité est de 7,96790
	24	100,00000	100,00000	100,00000
	23	97,60130	97,75291	98,03210
	22	95,09465	95,39346	95,94613
	21	92,47521	92,91604	93,73501
	20	89,73789	90,31475	91,39121
	19	86,87739	87,58340	88,90678
	18	83,88817	84,71548	86,27328
	17	80,76443	81,70416	83,48177
	16	77,50013	78,54228	80,52278
	15	74,08893	75,22231	77,38624
	14	70,52423	71,73634	74,06151
	13	66,79912	68,07607	70,53730
	12	62,90638	64,23278	66,80164
	11	58,83846	60,19733	62,84184
	10	54,58749	55,96011	58,64444
	9	50,14522	51,51103	54,19521
	8	45,50305	46,83949	49,47902
	7	40,65198	41,93437	44,47986
	6	35,58262	36,78400	39,18075
	5	30,28513	31,37611	33,56369
	4	24,74926	25,69782	27,60961
	3	18,96427	19,73562	21,29829
	2	12,91896	13,47531	14,60829
	1	6,60161	6,90199	7,51689

NOMBRE		SOMMES A PAYER PAR ÉCHÉANCES, L'INTÉRÈT COMPRIS AUX TAUX DE		
d'années.	d'échéances.	**4** 1/2 p. %.	**5** p. %.	**6** p. %.
2 5		l'annuité est de 6,74391	l'annuité est de 7,09525	l'annuité est de 7,82267
	25	100,00000	100,00000	100,00000
	24	97,75609	97,90475	98,17733
	23	95,41120	95,70475	96,24530
	22	92,96079	93,39474	94,19735
	21	90,40011	90,96923	92,02652
	20	87,72420	88,42244	89,72544
	19	84,92788	85,74832	87,28629
	18	82,00572	82,94049	84,70079
	17	78,95206	79,99227	81,96016
	16	75,76099	76,89664	79,05510
	15	72,42632	73,64622	75,97573
	14	68,94159	70,23328	72,71160
	13	65,30005	66,64970	69,25162
	12	61,49464	62,88694	65,58405
	11	57,51798	58,93605	61,69642
	10	53,36238	54,78761	57,57554
	9	49,01977	50,43174	53,20740
	8	44,48175	45,85808	48,57717
	7	39,73951	41,05574	43,66913
	6	34,78387	36,01328	38,46661
	5	29,60523	30,71870	32,95194
	4	24,19355	25,15939	27,10638
	3	18,53835	19,32211	20,91009
	2	12,62866	13,19297	14,34203
	1	6,45304	6,75737	7,37988
2 6		l'annuité est de 6,60213	l'annuité est de 6,95643	l'annuité est de 7,69044
	26	100,00000	100,00000	100,00000
	25	97,89787	98,04357	98,30956
	24	95,70114	95,98932	96,51770
	23	93,40556	93,83235	94,61833
	22	91,00668	91,56753	92,60499

NOMBRE		SOMMES A PAYER PAR ÉCHÉANCES, L'INTÉRÊT COMPRIS AUX TAUX DE		
d'années.	d'échéances.	4 1/2 p. %.	5 p. %.	6 p. %.
26	21	88,49985	89,18948	90,47085
	20	85,88021	86,69253	88,20867
	19	83,14269	84,07072	85,81076
	18	80,28198	81,31782	83,26897
	17	77,29254	78,42728	80,57467
	16	74,16857	75,39221	77,71871
	15	70,90402	72,20539	74,69140
	14	67,49257	68,85922	71,48245
	13	63,92760	65,34575	68,08096
	12	60,20221	61,65660	64,47538
	11	56,30918	57,78300	60,65347
	10	52,24096	53,71572	56,60224
	9	47,98967	49,44508	52,30794
	8	43,54707	44,96090	47,75598
	7	38,90455	40,25251	42,93090
	6	34,05312	35,30870	37,81632
	5	28,98338	30,11770	32,39486
	4	23,68550	24,66716	26,64812
	3	18,14921	18,94409	30,55657
	2	12,36379	12,93486	14,09953
	1	6,31803	6,62517	7,25507
27		l'annuité est de 6,47194	l'annuité est de 6,82919	l'annuité est de 7,56972
	27	100,00000	100,00000	100,00000
	26	98,02806	98,17081	98,43028
	25	95,96738	96,25017	96,76658
	24	93,81397	94,23349	95,00264
	23	91,56365	92,11598	93,13308
	22	89,21207	89,89259	91,15135
	21	86,75467	87,55803	89,05072
	20	84,18679	85,10674	86,82405
	19	81,50325	82,53289	84,46378
	18	78,69895	79,83035	81,96189
	17	75,76846	76,99268	79,30989

NOMBRE		SOMMES A PAYER PAR ÉCHÉANCES, L'INTÉRÊT COMPRIS AUX TAUX DE		
d'années.	d'échéances.	4 1/2 p. º/o.	5 p. º/o.	6 p º/o.
27	16	72,70610	74,01313	76,49877
	15	69,50593	70,88460	73,51898
	14	66,16175	67,59964	70,36040
	13	62,66708	64,15044	67,01231
	12	59,01515	60,52878	63,46333
	11	55,19889	56,72603	59,70141
	10	51,21090	52,73315	55,71378
	9	47,04345	48,54062	51,48689
	8	42,68846	44,13846	47,00639
	7	38,13751	39,51620	42,25706
	6	33,38175	34,66282	37,22276
	5	28,41198	29,56678	31,88641
	4	23,21858	24,21593	26,22988
	3	17,79147	18,59755	20,23395
	2	12,12014	12,69825	13,87827
	1	6,19360	6,50399	7,14125
28	.	l'annuité est de 6,35208	l'annuité est de 6,71225	l'annuité est de 7,45926
	28	100,00000	100,00000	100,00000
	27	98,14792	98,28775	98,54074
	26	96,21249	96,48988	96,99393
	25	94,18997	94,60212	95,35431
	24	92,07633	92,61998	93,61631
	23	89,86768	90,53873	91,77403
	22	87,55964	88,35341	89,82122
	21	85,14774	86,05883	87,75124
	20	82,62730	83,64952	85,55706
	19	79,99345	81,11974	83,23123
	18	77,24107	78,46348	80,76585
	17	74,36483	75,67440	78,15254
	16	71,35916	72,74587	75,38244
	15	68,24824	69,67091	72,44613
	14	64,93598	66,44220	69,33364
	13	61,50602	63,05206	66,03440

NOMBRE		SOMMES A PAYER PAR ÉCHÉANCES, L'INTÉRÊT COMPRIS AUX TAUX DE		
d'années.	d'échéances.	4 1/2 p. %.	5 p. %.	6 p. %.
28	12	57,92171	59,49241	62,53721
	11	54,17610	55,75478	58,83019
	10	50,26194	51,83027	54,90075
	9	46,17164	47,70953	50,73554
	8	41,89728	43,38275	46,32042
	7	37,43057	38,83963	41,64039
	6	32,70286	34,06936	36,67956
	5	27,88511	29,06057	31,42108
	4	22,78786	23,80134	25,84709
	3	17,46123	18,27914	19,93866
	2	11,89490	12,48084	13,67572
	1	6,07809	6,39263	7,03701
29		l'annuité est de	l'annuité est de	l'annuité est de
		6,24146	6,60455	7,35796
	29	100,00000	100,00000	100,00000
	28	98,25854	98,39545	98,64204
	27	96,43971	96,71067	97,20260
	26	94,53803	94,94165	95,67680
	25	92,55078	93,08418	94,05945
	24	90,47410	91,13384	92,34505
	23	88,30397	89,08598	90,52779
	22	86,03618	86,93573	88,60150
	21	83,66634	84,67797	86,55963
	20	81,18986	82,30732	84,39524
	19	78,60194	79,81813	82,10099
	18	75,89756	77,20448	79,66909
	17	73,07149	74,46015	77,09128
	16	70,11824	71,57861	74,35879
	15	67,03210	68,55299	71,46236
	14	63,80708	65,37609	68,39214
	13	60,43693	62,04034	65,13770
	12	56,91513	58,53781	61,68800
	11	53,23485	54,86045	58,03132
	10	49,38895	50,99861	54,15524

6*

NOMBRE		SOMMES A PAYER PAR ÉCHÉANCES, L'INTÉRÊT COMPRIS AUX TAUX DE		
d'années.	d'échéances.	4 1/2 p. c/o.	5 p. %.	6 p. %.
29	9	45,36999	46,94399	50,04659
	8	41,17018	42,68664	45,69142
	7	36,78137	38,21642	41,07494
	6	32,19507	33,52269	36,18148
	5	27,40238	28,59427	30,99444
	4	22,39402	23,41943	25,49611
	3	17,16029	17,98585	19,66792
	2	11,69104	12,28059	13,49003
	1	5,97567	6,29006	6,94147
30		l'annuité est de 6,13915	l'annuité est de 6,50514	l'annuité est de 7,26489
	30	100,00000	100,00000	100,00000
	29	98,36085	98,49486	98,73511
	28	96,64793	96,91446	97,39432
	27	94,85793	95,25504	95,97309
	26	92,98738	93,51265	94,46658
	25	91,03266	91,68314	92,86968
	24	88,98998	89,76215	91,17697
	23	86,85538	87,74511	89,38270
	22	84,62472	85,62722	87,48077
	21	82,29368	83,40344	85,46473
	20	79,85774	81,06847	83,32772
	19	77,31218	78,61675	81,06249
	18	74,65207	76,04245	78,66135
	17	71,87226	73,33943	76,11614
	16	68,96736	70,50426	73,41822
	15	65,93174	67,52118	70,55842
	14	62,75951	64,39210	67,52707
	13	59,44453	61,10656	64,31377
	12	55,98038	57,65674	60,90771
	11	52,36034	54,03443	57,29728
	10	48,57740	50,23101	53,47023
	9	44,62423	46,23742	49,41355
	8	40,49317	42,04415	45,11347

NOMBRE		SOMMES A PAYER PAR ÉCHÉANCES, L'INTÉRÊT COMPRIS AUX TAUX DE		
d'années.	d'échéances.	4 1/2 p. %.	5 p. %.	C p. %.
30	7	36,17621	37,64121	40,55539
	6	31,66499	33,01813	35,72382
	5	26,95076	28,16389	30,60236
	4	22,02439	23,06694	25,17361
	3	16,87633	17,71514	19,41913
	2	11,49661	12,09575	13,31939
	1	5,87480	6,19539	6,85366

J'ai dit, page 73, qu'il sera toujours facile de décomposer les échéances d'une annuité quelconque en capital et en intérêts, en prenant l'intérêt de la somme portée en regard de chaque échéance au taux spécifié dans la table, et en retranchant cet intérêt du montant de l'annuité; la différence formera la partie du capital de cette même échéance.

La décomposition de la somme remboursée, en capital et intérêts étant obligatoire pour les comptables du Trésor qui, lors du remboursement des emprunts, ont droit à des remises sur le paiement des intérêts et en sont privés sur le capital, il m'a paru nécessaire de revenir sur cet objet et d'indiquer, par un exemple, la manière de procéder.

Je suppose donc un emprunt de 10000 fr. remboursable en 12 ans au taux de 5 p. % par annuités égales de 1128 fr. 25 c. (formant un total de 13539 fr.) et qu'on veuille savoir quel est le montant des intérêts compris dans chaque obligation.

On trouve , page 78, colonne 5 p. %, les sommes
qu'il faut payer à la fin de chaque année pour amortir
en 12 ans un capital de 100 fr. , en avançant la virgule
de deux rangs vers la droite, elles représenteront un
capital de 10000 fr. de même que l'annuité qui est de
11 fr. 2825 pour 100 fr. sera de 1128 fr. 25 c. pour
10000 fr. (Voir page 69, 1er exemple).

Après avoir pris l'intérêt de 10000 f. qui est de 500 f.
et avoir retranché cet intérêt de l'annuité 1128 fr. 25 c.,
il reste 628 fr. 25 c. pour la portion du capital amorti
à la fin de la première année. — Prenant de même l'in-
térêt de 9371 fr. 75 c., qui est de 468 fr. 58 c., et re-
tranchant cet intérêt de l'annuité 1128 fr. 25 c. , il
reste 659 fr. 67 c. pour la portion du capital amorti à
la fin de la deuxième année. — Opérant de même
jusqu'à la douzième année, on arrive aux résultats con-
signés dans le tableau ci-après :

ANNÉES.	SOMMES A PAYER chaque année.	DÉCOMPOSITION DES VERSEMENTS ANNUELS	
		Intérêts.	Capital.
1re Année .	10,000 f »	500 f »	628 f 25
2e —	9,371 75	468 58	659 67
3e —	8,712 08	435 60	692 65
4e —	8,019 43	400 97	727 28
5e —	7,292 15	364 60	763 65
6e —	6,528 50	326 42	801 83
7e —	5,726 67	286 33	841 92
8e —	4,884 75	244 23	884 02
9e —	4,000 73	200 04	928 21
10e —	3,072 52	153 62	974 63
11e —	2,097 89	104 89	1,023 36
12e —	1,074 53	53 72	1,074 53
		3,539 f »	10,000 f »
		13,539 f »	

Le remboursement des emprunts contractés au Crédit-Foncier s'effectuant par annuités payables tous les six mois, il m'a paru utile de compléter tout ce qui a été dit sur l'amortissement en donnant un tableau du remboursement d'un capital de 100 fr. (capital et intérêts) en 30 années ou 60 semestres. MM. les Comptables me sauront gré de combler cette lacune qui existait dans la première édition et de les mettre ainsi à même de résoudre tous les problèmes relatifs à l'amortissement.

TABLEAU

Indiquant les sommes qu'il faut payer pour le remboursement d'un capital de 100 fr. (capital et intérêts) en 30 années ou 60 semestres, l'intérêt compris à 5 p. % l'an.

ANNÉES.	SEMESTRES.	ANNUITÉ. VERSEMENTS semestriels.	DÉCOMPOSITION DES VERSEMENTS SEMESTRIELS Montant du capital amorti à chaque semestre.	Intérêts afférents aux sommes restant dues	CAPITAL restant dû après chaque PAIEMENT semestriel.
		f. c.	f. c.	f. c.	f. c.
1re Année.	1er semestre.	3 235340	0 735340	2 500000	99 264660
	2e —	3 235340	0 753724	2 481616	98 510936
2e —	3e —	3 235340	0 772567	2 462773	97 738369
	4e —	3 235340	0 791884	2 443459	96 946488
3e —	5e —	3 235340	0 811679	2 423661	96 134809
	6e —	3 235340	0 831970	2 403370	95 302839
4e —	7e —	3 235340	0 852769	2 382571	94 450070
	8e —	3 235340	0 874088	2 361252	93 575982
5e —	9e —	3 235340	0 895940	2 339400	92 680042
	10e —	3 235340	0 918339	2 317001	91 761703
6e —	11e —	3 235340	0 941297	2 294043	90 820406
	12e —	3 235340	0 964829	2 270511	89 855577
7e —	13e —	3 235340	0 988950	2 246390	88 866627
	14e —	3 235340	1 013670	2 221670	87 852957
8e —	15e —	3 235340	1 039016	2 196324	86 813941
	16e —	3 235340	1 064991	2 170349	85 748950
9e —	17e —	3 235340	1 091616	2 143724	84 657334
	18e —	3 235340	1 118906	2 116434	83 538428
10e —	19e —	3 235340	1 146879	2 088461	82 391549
	20e —	3 235340	1 175551	2 059789	81 215998
11e —	21e —	3 235340	1 204940	2 030400	80 011058
	22e —	3 235340	1 235064	2 000276	78 775994
12e —	23e —	3 235340	1 265940	1 969400	77 510054
	24e —	3 235340	1 297589	1 937751	76 212465
13e —	25e —	3 235340	1 330029	1 905311	74 882436
	26e —	3 235340	1 363279	1 872061	73 519157
14e —	27e —	3 235340	1 397361	1 837979	72 121796
	28e —	3 235340	1 432295	1 803045	70 689501
15e —	29e —	3 235340	1 468103	1 767237	69 221398
	30e —	3 235340	1 504805	1 730535	67 716593
A reporter........		97 060200	32 283407	64 776793	....

ANNÉES	SEMESTRES.	ANNUITÉ. VERSEMENTS semestriels.	DÉCOMPOSITION DES VERSEMENTS SEMESTRIELS		CAPITAL restant dû après chaque PAIEMENT semestriel.
			Montant du capital amorti à chaque semestre.	Intérêts afférents aux sommes restant dues.	
		f. c.	f. c.	f. c.	f. c.
	Report....	93 060200	32 283407	64 776793	.. ..
16e Année.	31e semestre.	7 235340	1 542425	1 692915	66 174168
	32e —	3 235340	1 580986	1 654354	64 593182
17e —	33e —	3 235340	1 620511	1 614829	62 972671
	34e —	3 235340	1 661023	1 574317	61 311648
18e —	35e —	3 235340	1 702549	1 532791	59 609099
	36e —	3 235340	1 745113	1 490227	57 863986
19e —	37e —	3 235340	1 788744	1 446599	56 075245
	38e —	3 235340	1 833459	1 401881	54 241786
20e —	39e —	3 235340	1 879295	1 356045	52 362491
	40e —	3 235340	1 926278	1 309062	50 436213
21e —	41e —	3 235340	1 974435	1 260905	48 461778
	42e —	3 235340	2 023796	1 211544	46 437982
22e —	43e —	3 235340	2 074391	1 160949	44 363591
	44e —	3 235340	2 126250	1 109090	42 237341
23e —	45e —	3 235340	2 179407	1 055933	40 057934
	46e —	3 235340	2 233892	1 001448	37 824042
24e —	47e —	3 235340	2 289739	0 945601	35 534303
	48e —	3 235340	2 346983	0 888357	33 187320
25e —	49e —	3 235340	2 405657	0 829683	30 781663
	50e —	3 235340	2 465798	0 769542	28 315865
26e —	51e —	3 235340	2 527443	0 707897	25 788422
	52e —	3 235340	2 590630	0 644710	23 197792
27e —	53e —	3 235340	2 655395	0 579945	20 542397
	54e —	3 235340	2 721780	0 513560	17 820617
28e —	55e —	3 235340	2 789825	0 445515	15 030792
	56e —	3 235340	2 859570	0 375770	12 171222
29e —	57e —	3 235340	2 931060	0 304280	9 240162
	58e —	3 235340	3 004336	0 231004	6 235826
30e —	59e —	3 235340	3 079444	0 155896	3 156382
	60e —	3 235340	3 156382	0 078958	0 000000
	TOTAUX......	194 120400	100 000000	94 120400	.. ..

TABLEAU DES DOUZIÈMES

Usage et application

Le tableau suivant, très simple dans sa combinaison, est formé de dix colonnes : La première indique le nombre de douzièmes et parties de douzième ; les neuf colonnes qui suivent contiennent de 10 fr. en 10 fr., jusqu'à 90 fr. les allocations exactes de ces sommes suivant le nombre de douzièmes indiqué.

Les calculs ont été poussés jusqu'au premier chiffre de la période ; on considérera donc le dernier chiffre comme devant se répéter à l'infini :

Ainsi les 5/12es 3/4 de 40 fr. étant de   19 fr. 16 c.

—   —   400   seront de   191   66

—   —   4000   —   1916   66

et ainsi de suite, indéfiniment.

Dans la pratique, on s'arrêtera au chiffre des centièmes en forçant le centime lorsque le chiffre suivant dépassera 5.

Cela posé, il suffira d'un exemple pour indiquer la manière de procéder, dans tous les cas possibles.

On suppose que le chiffre des recouvrements s'élève à 8/12es 3/4 et qu'on veuille savoir combien il revient d'allocations à une commune dont les centimes pour l'instruction primaire imposés aux divers rôles s'élèvent à 956 fr. 40 c.

Après avoir cherché dans la première colonne 8/12ᵉˢ 3/4, on trouve en suivant horizontalement :

pour 900 f. » multiple de 90 fr.	656 f. 25 c.
50 »	36 46
6 » sous-multiple de 60 fr.	4 37
0 40 c. — 40 fr.	0 29
pour 956 f. 40 c. on aura au total	697 f. 37 c.

la somme revenant à la commune sera donc de 697 f. 37 c.

Il n'échappera pas à MM. les Comptables qu'ils pourront se servir utilement du tableau dans la rédaction de leurs états de poursuites, car ils pourront, de la manière indiquée ci-dessus, se procurer les douzièmes échus de n'importe quelle somme.

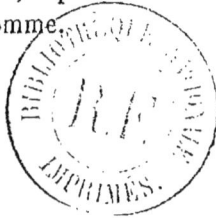

TABLEAU

*Présentant les chiffres exacts de la répartition des centimes commu-
naux alloués aux communes, à raison du nombre des douzièmes
et parties de douzième recouvrés aux époques de leurs allocations
dans les versements des percepteurs-receveurs.*

Nombre de douzièmes et parties de douzième	SOMMES.								
	10 f	20 f	30 f	40 f	50 f	60 f	70 f	80 f	90 f
12es									
» 1/4	0 2083	0 416	0 6250	0 83	1 0416	1 250	1 4583	1 66	1 8750
» 1/2	0 4166	0 833	1 2500	1 66	2 0833	2 500	2 9166	3 33	3 7500
» 3/4	0 6250	1 250	1 8750	2 50	3 1250	3 750	4 3750	5 00	5 6250
1 »	0 8333	1 666	2 5000	3 33	4 1666	5 000	5 8333	6 66	7 5000
1 1/4	1 0416	2 083	3 1250	4 16	5 2083	6 250	7 2916	8 33	9 3750
1 1/2	1 2500	2 500	3 7500	5 00	6 2500	7 500	8 7500	10 00	11 2500
1 3/4	1 4583	2 916	4 3750	5 83	7 2916	8 750	10 2083	11 66	13 1250
2 »	1 6666	3 333	5 0000	6 66	8 3333	10 000	11 6666	13 33	15 0000
2 1/4	1 8750	3 750	5 6250	7 50	9 3750	11 250	13 1250	15 00	16 8750
2 1/2	2 0833	4 166	6 2500	8 33	10 4166	12 500	14 5833	16 66	18 7500
2 3/4	2 2916	4 583	6 8750	9 16	11 4583	13 750	16 0416	18 33	20 6250
3 »	2 5000	5 000	7 5000	10 00	12 5000	15 000	17 5000	20 00	22 5000
3 1/4	2 7083	5 416	8 1250	10 83	13 5416	16 250	18 9583	21 66	24 3750
3 1/2	2 9166	5 833	8 7500	11 66	14 5833	17 500	20 4166	23 33	26 2500
3 3/4	3 1250	6 250	9 3750	12 50	15 6250	18 750	21 8750	25 00	28 1250
4 »	3 3333	6 666	10 0000	13 33	16 6666	20 000	23 3333	26 66	30 0000
4 1/4	3 5416	7 083	10 6250	14 16	17 7083	21 250	24 7916	28 33	31 8750
4 1/2	3 7500	7 500	11 2500	15 00	18 7500	22 500	26 2500	30 00	33 7500
4 3/4	3 9583	7 916	11 8750	15 83	19 7916	23 750	27 7083	31 66	35 6250
5 »	4 1666	8 333	12 5000	16 66	20 8333	25 000	29 1666	33 33	37 5000
5 1/4	4 3750	8 750	13 1250	17 50	21 8750	26 250	30 6250	35 00	39 3750
5 1/2	4 5833	9 166	13 7500	18 33	22 9166	27 500	32 0833	36 66	41 2500
5 3/4	4 7916	9 583	14 3750	19 16	23 9583	28 750	33 5416	38 33	43 1250
6 »	5 0000	10 000	15 0000	20 00	25 0000	30 000	35 0000	40 00	45 0000
6 1/4	5 2083	10 416	15 6250	20 83	26 0416	31 250	36 4583	41 66	46 8750
6 1/2	5 4166	10 833	16 2500	21 66	27 0833	32 500	37 9166	43 33	48 7500
6 3/4	5 6250	11 250	16 8750	22 50	28 1250	33 750	39 3750	45 00	50 6250
7 »	5 8333	11 666	17 5000	23 33	29 1666	35 000	40 8333	46 66	52 5000
7 1/4	6 0416	12 083	18 1250	24 16	30 2083	36 250	42 2916	48 33	54 3750
7 1/2	6 2500	12 500	18 7500	25 00	31 2500	37 500	43 7500	50 00	56 2500
7 3/4	6 4583	12 916	19 3750	25 83	32 2916	38 750	45 2083	51 66	58 1250
8 »	6 6666	13 333	20 0000	26 66	33 3333	40 000	46 6666	53 33	60 0000
8 1/4	6 8750	13 750	20 6250	27 50	34 3750	41 250	48 1250	55 00	61 8750
8 1/2	7 0833	14 166	21 2500	28 33	35 4166	42 500	49 5833	56 66	63 7500
8 3/4	7 2916	14 583	21 8750	29 16	36 4583	43 750	51 0416	58 33	65 6250
9 »	7 5000	15 000	22 5000	30 00	37 5000	45 000	52 5000	60 00	67 5000
9 1/4	7 7083	15 416	23 1250	30 83	38 5416	46 250	43 9583	61 66	69 3750
9 1/2	7 9166	15 833	23 7500	31 66	39 5833	47 500	55 4166	63 33	71 2500
9 3/4	8 1250	16 250	24 3750	32 50	40 6250	48 750	56 8750	65 00	73 1250
10 »	8 3333	16 666	25 0000	33 33	41 6666	50 000	58 3333	66 66	75 0000
10 1/4	8 5416	17 083	25 6250	34 16	42 7083	51 250	59 7916	68 33	76 8750
10 1/2	8 7500	17 500	26 2500	35 00	43 7500	52 500	61 2500	70 00	78 7500
10 3/4	8 9583	17 916	26 8750	35 83	44 7916	53 750	62 7083	71 66	80 6250
11 »	9 1666	18 333	27 5000	36 66	45 8333	55 000	64 1666	73 33	82 5000
11 1/4	9 3750	18 750	28 1250	37 50	46 8750	56 250	65 6250	75 00	84 3750
11 1/2	9 5833	19 166	28 7500	38 33	47 9166	57 500	67 0833	76 66	86 2500
11 3/4	9 7916	19 583	29 3750	39 16	48 9583	58 750	68 5416	78 33	88 1250
12 »	10 0000	20 000	30 0000	40 00	50 0000	60 000	70 0000	80 00	90 0000

QUATRIÈME PARTIE.

Rentes sur l'État.

Il n'entre pas dans le cadre de cet ouvrage de traiter de la négociation à la bourse des fonds publics étrangers ni des nombreuses obligations de toutes sortes qui y ont cours.

Mais on croit répondre à un besoin en donnant aux rentiers des formules générales qui leur permettront de suivre les opérations que nécessitent journellement les transactions nombreuses qui s'opèrent à la bourse et qui ont trait à l'achat ou à la vente des rentes françaises 3 et 4 $\frac{1}{2}$ p. %.

La nature de la rente et le cours de la bourse étant toujours connus, les questions les plus usuelles à résoudre se résument à calculer le prix d'achat ou de vente d'une certaine quantité de rente sur l'État et la quantité de rente qu'on peut avoir pour une somme donnée.

Rentes 3 %.

1re RÈGLE.

Pour trouver le prix d'une certaine quantité de rente
3 p. %, on multipliera la rente par le tiers du cours ou
le cours par le tiers de la rente; le produit sera le prix
cherché.

EXEMPLE.

On veut connaître le prix d'achat ou de vente de
840 fr. de rente 3 p. %, au cours de 72 fr.

Multipliant la rente . .	840 ^{f}
par le tiers du cours .	24
	3360
	1680
on obtient 20160 fr. pour le prix d'achat	
ou de vente demandé.	20160 ^{f}

2e RÈGLE.

Pour savoir combien on aura de rente 3 p. % pour
une somme déterminée, on divisera la somme par le
tiers du cours, ou le triple de la somme par le cours, le
quotient sera la rente cherchée.

EXEMPLE.

Combien aura-t-on de rente 3 p. % au cours de 72 fr.
pour 20160 fr.?

Divisant la somme. . 20160 | 24
par 24, tiers de 72 fr., le quotient 840 fr.   96   840
sera la rente cherchée.   00

Rentes 4 ½ pour %.

1re RÈGLE.

Pour trouver le prix d'une certaine quantité de rente
4 ½ p. %, on multipliera le double de la rente par le
9e du cours ou le double du cours par le 9e de la rente;
le produit sera le prix cherché.

EXEMPLE.

On veut acheter ou vendre 1200 fr. de rente 4 ½ p. %
au cours de 103 fr. 50 c., quelle somme aura-t-on à
donner ou à recevoir?

Multipliant . .   2400 f
double de la rente par . .   11   5
_____
12000
2400
2400
9e du cours, on a 27600 fr. pour le   _____
prix demandé.   27600,0

2e RÈGLE.

Pour savoir combien on aura de rente 4 ¹/₂ p. °/₀ pour une somme déterminée, on divisera la somme par les ²/₉ du cours, ou la moitié de la somme par le 9e du cours ; le quotient sera la rente cherchée.

EXEMPLE.

Combien aura-t-on de rente 4 ¹/₂ p. °/₀ au cours de 103 fr. 50 c. pour 27600 fr. ?

Divisant la somme . .   27600 | 23
par 23, ²/₉ de 103 fr. 50 c., on trouve   46   ——
1200 fr. pour la rente cherchée.   0   1200

Pour compléter ce qui vient d'être dit touchant la manière de calculer la rente 3 et 4 ¹/₂ pour cent, on a cru utile de dresser la table suivante qui donne le revenu de ces rentes suivant leur cours.

Ainsi, un particulier qui a acheté de la rente 3 p. °/₀ au cours de 66 fr. 50 c., veut-il savoir à quel taux son argent est placé, il cherchera dans la colonne intitulée cours de la rente le cours de 66 fr. 50 c., et il verra à côté, colonne 3 p. °/₀, 4 fr. 51 c. qui représentent le revenu de la rente achetée.

Son argent se trouve donc placé à 4 fr. 51 c. p. °/₀.

TABLE

indiquant le revenu de la rente 3 et 4 ¹/₂ p. %, suivant le cours.

COURS de la rente.	INTÉRÊTS EN 3 p. %.	INTÉRÊTS EN 4 ¹/₂ p. %.	COURS de la rente.	INTÉRÊTS EN 3 p. %.	INTÉRÊTS EN 4 ¹/₂ p. %.	COURS de la rente.	INTÉRÊTS EN 3 p. %.	INTÉRÊTS EN 4 ¹/₂ p. %.
f. c.	f. c.	f. c.	f. c.	f. c.	f. c.	f. c.	f. c.	f. c.
50 »	6 »	9 »	65 50	4 58	6 87	73 50	4 08	6 12
51 »	5 88	8 82	65 75	4 56	6 84	73 75	4 07	6 10
52 »	5 77	8 65	66 »	4 54	6 82	74 »	4 05	6 08
53 »	5 66	8 49	66 25	4 53	6 79	74 25	4 04	6 06
54 »	5 55	8 33	66 50	4 51	6 77	74 50	4 03	6 04
55 »	5 45	8 18	66 75	4 49	6 74	74 75	4 01	6 02
56 »	5 36	8 03	67 »	4 48	6 72	75 »	4 »	6 »
57 »	5 26	7 89	67 25	4 46	6 69	75 25	3 99	5 98
58 »	5 17	7 76	67 50	4 44	6 67	75 50	3 97	5 96
59 »	5 08	7 63	67 75	4 43	6 64	75 75	3 96	5 94
60 »	5 »	7 50	68 »	4 41	6 62	76 »	3 95	5 92
60 25	4 98	7 47	68 25	4 40	6 59	76 25	3 93	5 90
60 50	4 96	7 44	68 50	4 38	6 57	76 50	3 92	5 88
60 75	4 94	7 41	68 75	4 36	6 55	76 75	3 91	5 86
61 »	4 92	7 38	69 »	4 35	6 52	77 »	3 90	5 84
61 25	4 90	7 35	69 25	4 33	6 50	77 25	3 89	5 82
61 50	4 88	7 32	69 50	4 32	6 47	77 50	3 87	5 80
61 75	4 86	7 29	69 75	4 30	6 45	77 75	3 86	5 81
62 »	4 84	7 26	70 »	4 28	6 43	78 »	3 85	5 77
62 25	4 82	7 23	70 25	4 27	6 40	78 25	3 83	5 75
62 50	4 80	7 20	70 50	4 26	6 38	78 50	3 82	5 73
62 75	4 78	7 17	70 75	4 24	6 36	78 75	3 81	5 71
63 »	4 76	7 14	71 »	4 22	6 33	79 »	3 80	5 70
63 25	4 74	7 11	71 25	4 21	6 30	79 25	3 78	5 68
63 50	4 72	7 09	71 50	4 20	6 29	79 50	3 77	5 66
63 75	4 70	7 06	71 75	4 19	6 27	79 75	3 76	5 64
64 »	4 69	7 03	72 »	4 17	6 25	80 »	3 75	5 62
64 25	4 67	7 01	72 25	4 15	6 23	80 25	3 73	5 60
64 50	4 65	6 98	72 50	4 14	6 21	80 50	3 72	5 58
64 75	4 63	6 95	72 75	4 12	6 19	80 75	3 71	5 57
65 »	4 61	6 92	73 »	4 11	6 16	81 »	3 70	5 55
65 25	4 60	6 89	73 25	4 10	6 14	81 25	3 69	5 54

Suite de la table indiquant le revenu de la rente 3 et 4 ¹/₂ p. º/º,
suivant le cours.

COURS de la rente.	INTÉRÊTS EN 3 p. º/º.	4 ¹/₂ p. º/º.	COURS de la rente.	INTÉRÊTS EN 3 p. º/º.	4 ¹/₂ p. º/º.	COURS de la rente.	INTÉRÊTS EN 3 p. º/º.	4 ¹/₂ p. º/º.
f. c.	f. c.	f. c.	f. c.	f. c.	f. c.	f. c.	f. c.	f. c.
81 50	3 68	5 52	89 25	3 36	5 05	97 »	3 09	4 64
81 75	3 67	5 50	89 50	3 35	5 03	97 25	3 08	4 63
82 »	3 66	5 49	89 75	3 34	5 01	97 50	37 0	4 62
82 25	3 65	5 47	90 »	3 33	5 »	97 75	37 0	4 61
82 50	3 63	5 45	90 25	3 32	4 99	98 »	36 0	4 59
82 75	3 62	5 44	90 50	3 31	4 97	98 25	3 05	4 58
83 »	3 61	5 42	90 75	3 30	4 95	98 50	3 05	4 57
83 25	3 60	5 40	91 »	3 30	4 94	98 75	3 04	4 56
83 50	3 59	5 38	91 25	3 29	4 92	99 »	3 03	4 54
83 75	3 58	5 37	91 50	3 28	4 91	99 25	3 02	4 53
84 »	3 57	5 36	91 75	3 27	4 90	99 50	3 02	4 52
84 25	3 56	5 34	92 »	3 26	4 89	99 75	3 01	4 51
84 50	3 55	5 32	92 25	3 25	4 88	100 »	3 »	4 50
84 75	3 54	5 31	92 50	3 24	4 86	100 25	2 99	4 49
85 »	3 53	5 29	92 75	3 23	4 85	100 50	2 98	4 48
85 25	3 52	5 28	93 »	3 22	4 84	100 75	2 97	4 46
85 50	3 51	5 26	93 25	3 22	4 82	101 »	2 97	4 45
85 75	3 50	5 25	93 50	3 21	4 81	101 50	2 96	4 43
86 »	3 49	5 23	93 75	3 20	4 80	102 »	2 94	4 41
86 25	3 48	5 22	94 »	3 19	4 79	102 50	2 92	4 39
86 50	3 47	5 20	94 25	3 18	4 77	103 »	2 91	4 37
86 75	3 46	5 18	94 50	3 17	4 76	103 50	2 90	4 35
87 »	3 45	5 17	94 75	3 17	4 75	104 »	2 88	4 33
87 25	3 44	5 15	95 »	3 16	4 74	104 50	2 87	4 31
87 50	3 43	5 14	95 25	3 15	4 72	105 »	2 86	4 28
87 75	3 42	5 12	95 50	3 14	4 71	106 »	2 83	4 24
88 »	3 41	5 11	95 75	3 13	4 70	107 »	2 80	4 20
88 25	3 40	5 09	96 »	3 12	4 69	108 »	2 78	4 17
88 50	3 39	5 08	96 25	3 12	4 67	109 »	2 75	4 13
88 75	3 38	5 07	96 50	3 11	4 66	110 »	2 73	4 09
89 »	3 37	5 06	96 75	3 10	4 65	111 »	2 70	4 05

CINQUIÈME PARTIE.

MONNAIES.

Poids des pièces de monnaie.

Or.

1 pièce de 100 fr. pèse.......	32^{gr} 2580
1 — 50 —	16 1290
1 — 40 —	12 9032 (1)
1 — 20 —	6 4516
1 — 10 —	3 2258
1 — 5 —	1 6129

(1) Il n'est plus fabriqué de pièces d'or de 40 fr., mais elles n'ont pas encore été retirées de la circulation.

Argent.

1	pièce	de 5	fr.	pèse........	25 ^{gr}	» ^{c}
1	—	2	—	....	10	»
1	—	1	—	....	5	»
1	—	50	cent.	....	2	50
1	—	20	—	....	1	»

Cuivre.

1	pièce de 10	cent.,	pèse	10 ^{gr}	»
1	—	5	—	....	5	»
1	—	2	—	....	2	»
1	—	1	—	....	1	»

40	pièces de	5 fr.	(200 fr.)	pèsent.	1 ^{k}	» $^{gr.}$
20	—	5 fr.	(100 fr.)	—	»	500
100	—	2	(200 fr.)	—	1	»
50	—	2	(100 fr.)	—	»	500
200	—	1	(200 fr.)	—	1	»
100	—	1	(100 fr.)	—	»	500
100	pièces de	10 c.	(10 fr.)	—	1	»
100	—	5	(5 fr.)	—	»	500
50	—	2	(1 fr.)	—	»	100
50	—	1	(50 c.)	—	»	050

Diamètre des pièces de monnaie

Or.

La pièce de 100 fr. a.....	35 millimètres.
— 50 —	28 —
— 40 —	26 —
— 20 —	21 —
— 10 —	19 —
— 5 —	17 —

Argent.

La pièce de 5 fr. a......	37 millimètres.
— 2 —	27 —
— 1 —	23 —
— 50 cent.......	18 —
— 20 —	15 —

Cuivre.

La pièce de 10 cent. a....	30 millimètres.
— 5 —	25 —
— 2 —	20 —
— 1 —	15 —

On obtient la longueur du mètre en mettant bord à bord et sur une même ligne.

32 pièces de 40 fr. et 8 pièces de 20 fr.

11 pièces de 40 fr. et 34 pièces de 20 fr.

27 pièces de 5 fr.

10 pièces de 5 fr., 8 pièces de 2 fr. et 18 de 1 fr.

19 pièces de 5 fr. et 11 de 2 fr.

20 pièces de 2 fr. et 20 de 1 fr.

ÉTAT COMPARATIF

DES MONNAIES ÉTRANGÈRES AVEC LES MONNAIES FRANÇAISES.

ANGLETERRE.

Or.

Guinée de 21 schillings.........	26 fr 47 c		
Demi-guinée	13	23	50
Quart de guinée.............	6	61	75
Souverain	25	»	
Demi-souverain.............	12	50	

Argent.

Crown ou couronne de 5 schillings,	6	25	
Demi-couronne de 2 schillings, 6 penny.................	3	12	50
Schilling de 12 penny.........	1	25	
Demi-schilling de 6 penny......	»	62	50

AUTRICHE, BOHÊME, HONGRIE.

Or.

Ducat, ad legem imperii........	11 f	85 c
Ducat impérial, depuis Joseph II..	11	81
Double ducat	23	51
Souverain	34	84
Demi-souverain..............	17	41

Argent.

Écu ou rixdale de convention.....	5	18	
Demi-rixdale ou florin..........	2	59	
Rixdale de constitution (species Reichthaler)...............	5	61	
Couronne, écu de Brabant......	5	78	
20 kreutzers.................	»	86	
Kreutzer	»	04	30

BADE.

Or.

Pièce de 10 florins............	21	28
Pièce de 5 florins............	10	59
Ducat......................	11	71

Argent.

Pièce de 2 florins	4	18
Pièce de 1 florin.............	2	09

BAVIÈRE.

Or.

Ducat........................	11 f	67 c
Ducat nouveau...............	11	85

Argent.

Écu de convention	5	13
20 kreutzers........	»	85
10 kreutzers.................	»	42
6 kreutzers	»	22

BELGIQUE.

Comme en France.

DANEMARCK.

Or.

Frédéric (1848)..............	20	32
Chrétien (1847)..............	20	95

Argent.

Rixdale d'espèce ou double écu...	5	68	
Rixdale courant, ou rigsbankdaler	2	84	
Schilling	»	31	56
Stuyver......	»	12	50
Mark danois.................	»	44	80

ESPAGNE.

Or.

Quadruple ou once	81 f	51 c	
Doublon ou demi-quadruple. . . .	40	75	50
Doublon d'Isabelle (1848).	25	84	
Pistole.	21 ·	»	
Demi-pistole.	10	50	
Ecu d'or..	10	80	
Piastre d'or (escudo d'oro). . . .	5	40	

Argent.

Piastre, depuis 1772..	5	50	
Piastre (1848).	5	25	
Réal..	0	26	25

ÉTATS ROMAINS.

Or.

Pistole de Pie VI et Pie VII.. . . .	17	27	50
Demi-pistole..	8	63	75
Sequino (1769).	11	80	
Demi-sequino.. . ·.	5	90	

Argent.

Scudo, 10 paoli.	5	35	
Paolo, 10 baïoques.	»	53	50

AMÉRIQUE.

Or.

	fr.	c.	
Double aigle de 1810.	55	21	
Double aigle de 1837.	51	98	
Aigle de 5 dollars.	27	60	50
Demi-aigle.	13	80	25

Argent.

Dollar ancien.	5	42	
Dollar nouveau.	5	40	
Demi-dollar.	2	71	
Quart de dollar.	1	35	50

GRÈCE.

Or.

Pièce de 40 drachmes.	35	65
Pièce de 20 drachmes.	17	90

Argent.

Cinq drachmes (Othon).	4	47
Un drachme (100 leptes).	»	90

HAMBOURG.

Or.

	fr.	c.
Ducat (ad legem imperii)	11	85
Ducat de la ville	11	76

Argent.

Marc banco de 16 schillings	1	87	13
Schilling	»	11	69
Gros vlamisch	»	05	84

HANOVRE.

Or.

10 thalers	40	76
5 thalers	20	36

Argent.

Thaler	3	70

HOLLANDE ET PAYS-BAS.

Or.

Ducat de Hollande	11	78
Ducat de Guillaume	11	85
Ryder	31	40
10 florins (Guillaume)	20	85
5 florins	10	42

Argent.

	fr.	c.
3 florins (drie Gulden)	6	38
3 florins (drie Gulden de 1818). .	6	41
Gulden de 1848.	5	26
Florin.	2	14
Florin de 1848.	2	10

PRUSSE.

Or.

	fr.	c.
Frédéric.	20	80
Demi-frédéric.	10	40

Argent.

	fr.	c.	
Ecu-thaler de 30 silbergroschen. .	3	75	
Pièce de 5 silbergroschen	»	61	85

RUSSIE.

Or.

	fr.	c.
Ducat (1755 à 1763).	11	78
Ducat de 1763.	11	59
Impériale de 10 roubles.	52	38
Impériale depuis 1763.	41	20
Pièce de 5 roubles de 1849. . . .	20	66

Argent.

	fr.	c.
Rouble de 100 copecks (1750). . .	4	61
Rouble de 100 copecks, de 1763 à 1807.	4	»

SAXE.

Or.

	fr.	c.
Ducat Frédéric-Auguste II, édit de 1763.	11	85
Auguste ou 5 thalers.	20	75

Argent.

Rixdale ou écu..	5	19	50
Demi-rixdale ou florin.	2	59	75
Thaler ou 24 bons gros.	3	89	63
Un gros.	0	16	21

SUÈDE ET NORVÉGE.

Or.

Ducat.	11	70
Demi-ducat.	5	85

Argent.

Rixdale d'espèce (monnaie de compte).	5	75
Rixdale. . . . . :	1	43

ROYAUME D'ITALIE.

Le système des monnaies est le même qu'en France.

LOMBARDO-VÉNITIEN.

Or.

	fr.	c.
Souverain.	35	13
Demi-souverain.	17	56

Argent.

Ecu de 6 livres d'Autriche.	5	20	
1 Florin.	2	60	
1 Livre d'Autriche.	»	86	60

PERSE.

Or.

	fr.	c.
Roupie d'or.	36	75
Demi-roupie.	18	37
Dobra de 12,800 reis.	90	43
1/2 ou portugaise de 6,400 reis. .	45	27

Argent.

	fr.	c.
Cruzade neuve de 480 reis.	2	94
Cruzade neuve de 1,000 reis. . . .	6	12
Milreis (monnaie de compte). . .	7	07

PORTUGAL.

Or.

	fr.	c.
Couronne.	62	50
Demi-couronne.	31	25
Cinquième de couronne.	12	50
Dixième de couronne.	6	25

Argent.

Cruzade neuve.	2	94
1,000 reis.	6	25
100 reis.	»	62

SUISSE.

Le système monétaire est le même qu'en France.

TUNIS.

Or.

Sultanin Mahaboud.	6	25
Demi-sultanin.	3	12

Argent.

Piastre ou 16 carobas, ou 52 aspres	1	56
Demi-piastre ou 8 carobas, ou 26 aspres.	»	69
Quart de piastre ou 4 carobas, ou 13 aspres.	»	35

TURQUIE.

Or.

	fr.	c.
Pièce de 100 livres.	22	50
Sequin de 1774, dit zeramabouck.	8	72
Nissié.	4	36
Roubbié.	2	43
Sequin de Selim III.	7	30

Argent.

Altmichlec de 60 paras, ...	3	63
Beehlik, 5 piastres.	»	80
Crouch-piastre.	»	16
Altelek, 6 piastres.	1	29
Yrmilik, demi-piastre.	»	06

WURTEMBERG.

Or.

Ducat, 1744.	11	85
Florin ou carolin.	25	87

Argent.

Rixdale ou écu de convention. . .	5	10
Kronen-thaler ou gros écu.. . . .	5	70
Florin de 60 kreutzers de 4 hellers	2	10

TABLE DES MATIÈRES.

TROISIÈME PARTIE.

INTÉRÊTS COMPOSÉS. — ANNUITÉS. — AMORTISSEMENT.

QUATRIÈME PARTIE.

CINQUIÈME PARTIE.

FIN DE L'ABRÉVIATEUR

2a juin 19

www.ingramcontent.com/pod-product-compliance
Lightning Source LLC
Chambersburg PA
CBHW071815090426
42737CB00012B/2089